AF567648

Druiden

Ursprünge, Weisheiten, Praktiken

JOHN MICHAEL GREER

Librero

© 2024 Librero IBP (für die deutsche Ausgabe)
WWW.LIBRERO-IBP.COM

Text © 2021 John Michael Greer
Cover © 2021 Sterling Publishing Co., Inc.
Design: Christine Heun

Ursprünglich 2022 in den USA von Sterling Publishing Co., Inc., unter dem Titel *THE DRUID PATH: A MODERN TRADITION OF NATURE SPIRITUALITY* veröffentlicht.
Diese Ausgabe entstand in Zusammenarbeit mit Sterling Publishing Co., Inc.,
33 East 17th Street, New York, NY 10003

Aus dem Englischen von Anne Döbel
(für iMport/eXport)
Lektorat: Anika Seemann
Satz: iMport/eXport

Gedruckt und gebunden in China

ISBN 978-94-6359-892-7

Dieses Buch dient ausschließlich der Information. Hierin sind alternative Therapien enthalten, die nicht wissenschaftlich getestet wurden. Der Herausgeber behauptet nicht, dass dieses Buch auf irgendeine Art Vorteile, Behandlungen, Heilungen oder Resultate bringt oder garantiert. Dieses Buch beabsichtigt nicht, mit konventionellen medizinischen Beratungen, Behandlungen oder Diagnosen gleichgesetzt zu werden oder diese zu ersetzen oder ein Ersatz für eine ärztliche oder andere Fachberatung zu sein. Der Herausgeber ist unter keinen Umständen haftbar oder verantwortlich für die Auswirkungen der Anwendung der in diesem Buch veröffentlichten Informationen oder für gegensätzliche Wirkungen, Verlust oder Schaden jeglicher Art, die aus dem Gebrauch oder der Anwendung der Informationen in diesem Buch möglicherweise entstehen. Alle angegebenen Marken sind im Besitz der jeweiligen Besitzer und wurden ausschließlich zu redaktionellen Zwecken verwendet. Der Herausgeber beansprucht keinerlei Eigentumsrechte an diesen Marken und beantragt weder jetzt noch zukünftig Eigentumsrechte aus ihrer Verwendung in diesem Buch.

Alle Rechte vorbehalten. Kein Teil dieses Werkes darf in irgendeiner Form (durch Fotografie, Mikrofilm oder ein anderes Verfahren) ohne schriftliche Genehmigung des Verlages reproduziert oder unter Verwendung elektronischer Systeme verarbeitet, vervielfältigt oder verbreitet werden.

In Gedenken an Corby Ingold,
durch den ich die moderne
Tradition der Druiden
kennenlernte.

INHALT

Teil Drei: Die Praktiken des Druidentums

Teil Vier: Initiation zum Druidentum

EINFÜHRUNG

Die ursprünglichen Druiden lebten vor Hunderten von Jahren in den keltischen Gebieten des nordwestlichen Europas, heute gehören diese Gebiete zu Irland, Großbritannien und Frankreich. In den Anfängen der industriellen Revolution vor etwa 300 Jahren inspirierten ihr Vorbild und die erhalten gebliebenen Aufzeichnungen ihrer Traditionen eine kleine Gruppe kreativer Denker, die sich daranmachten, eine moderne druidische Tradition zu erschaffen. Seit sie diese Bewegung auf den Weg brachten – das sogenannte Druid Revival –, hat sie großen Zuspruch erfahren. Von England aus, wo sie gegründet wurde, verbreitete sie sich bis zum Ende des 19. Jahrhunderts über Europa, Nordamerika und Australien. Heute gibt es Druiden überall auf der Welt.

Meine eigene Einführung in das Druidentum liegt schon mehr als ein Vierteljahrhundert zurück. 1993 stellte mich ein guter Freund einem seiner Freunde vor, dem inzwischen verstorbenen Druiden Corby Ingold, der Mitglied des Ordens der Barden, Ovaten und Druiden (OBOD) war – damals und heute die größte druidische Organisation der Welt. Nachdem ich von ihm mehr über Druiden erfahren hatte, trat ich dem OBOD bei. Am 1. Mai 1994 fand meine Initiation durch Corby und andere Mitglieder seines Druidenzirkels statt. Anschließend durchlief ich Schritt für Schritt das Fernlernprogramm des OBOD und erhielt meine Urkunde als Druide 2002.

Ich wusste damals, dass ich meine spirituelle Heimat gefunden hatte. Als sich meine Ausbildung beim OBOD dem Ende neigte, suchte ich nach anderen Quellen, die mir zu tieferen Kenntnissen und Erkenntnissen verhelfen sollten. Ein zerschlissenes Taschenbuch in einem Laden für gebrauchte Bücher brachte mich auf einen weiteren Orden, dem Ancient Order of Druids in America (AODA). Die angegebene Adresse war mittlerweile ungültig. Als es mir schließlich gelang, den Sekretär des Ordens ausfindig zu machen, erfuhr ich, dass AODA sich mit einem knappen Dutzend Mitgliedern, alle weit im Rentenalter, gerade so über Wasser hielt. Ich bat um Aufnahme, die mir gewährt wurde, und Gespräche begannen, die schließlich dazu führten, dass ich zur Wintersonnenwende 2003 zum 7. Großen Erzdruiden von AODA ernannt wurde. Meine Aufgabe war es nunmehr, den fast ausgestorbenen Druidenorden wiederzubeleben.

Die folgenden zwölf Jahre als Leiter der AODA gehören zu den geschäftigsten und bereicherndsten meines Lebens. Die Kurzversion lautet, dass ich mit Unterstützung vieler Menschen erfolgreich war. AODA ist heute einer der größten und aktivsten Druidenorden der Welt, seine Mitglieder finden sich außer in Nordamerika auf einigen anderen Kontinenten. Die Pflichten des Großdruiden allerdings ließen mir kaum freie Zeit. Erst als ich mein Amt 2015 an meinen Nachfolger übergab und mir die weniger fordernde Rolle des Erzdruiden Emeritus zufiel, bekam ich die Gelegenheit, mir das moderne Druidentum auf weiter Ebene anzusehen und ich überlegte, wie ich mein Wissen über die Traditionen der Druiden weitergeben könnte. So entstand dieses Buch.

Betrachten Sie die Seiten, die vor Ihnen liegen, als ein Portal. Entscheiden Sie sich, hindurchzugehen, dann schließen Sie sich der dreihundert Jahre alten Suche nach uraltem Wissen an. Die Pfade, die Suchende vor uns beschritten, führen an Menhiren und grasbewachsenen Hügeln vorbei, durch tiefe Wälder und grüne Wiesen bis zu Ihrem eigenen Garten und Ihrer Umgebung. Werden Sie diesen Pfaden auf Ihrer Suche folgen? Das ist allein Ihre Entscheidung.

TEIL EINS

Der Ursprung des Druidentums

DAS DRUIDENTUM IST EINE MODERNE NATURspiritualität. Seine Wurzeln reichen bis in die Antike zurück, in seiner heutigen Form existiert es allerdings erst seit dem 18. Jahrhundert. Es gibt nicht den einen Gründer und nicht die eine Organisation, die das moderne Druidentum ins Leben riefen. Stattdessen entwickelte es sich über viele Jahre hindurch, durch Einzelpersonen und kleinere Freundesgruppen, die Möglichkeiten erforschten, beim Blick auf die Realität die Präsenz des Geistes in der Natur einzubeziehen.

Ist das Druidentum eine Religion? Für die einen ja, für die anderen ist es eher eine Philosophie, ein Brauchtum oder ein Lebensstil. Einige Druiden gehören außer zum Druidentum anderen religiösen Gemeinschaften an oder verknüpfen ihre Religion und das Druidentum auf verschiedene Weise miteinander. Seit den frühesten Anfängen des modernen Druidentums gibt es zum Beispiel christliche Druiden oder neu-heidnische. Wieder andere, von denen sich viele als spirituell, aber nicht religiös bezeichnen, finden den Pfad der Druiden als völlig ausreichend für sich. Und wenn Sie nicht wissen, woran Sie glauben? Auch das ist in Ordnung. Solange Sie dem Umstand gegenüber offen sind, dass die Welt mehr ist als eine zufällige Anordnung toter Materie an leeren Orten und dass Zweck, Bedeutung und Bewusstsein überall in der Natur vorhanden sind, ist das Druidentum für Sie eine Option.

Mehr als alles andere ist das Druidentum eine Ausrichtung: Eine Art, sich dem Spirituellen in der Natur zuzuwenden, das Menschsein als Teil der Natur anzusehen und ein Leben im Einklang mit dem Lebensraum und den spirituellen Wesen in der Natur zu führen. Bücher, Lehrende und Organisationen können Ihnen dabei helfen, sich im Druidentum zurechtzufinden – und dazu dient auch dieses Buch –, aber auch Ihre eigenen Erfahrungen und Vorstellungen sind wichtig. Wenn Sie möchten, dass Ihnen alles vorgeschrieben wird, passt das Druidentum vermutlich nicht so gut zu Ihnen, und wenn Sie anderen gerne erzählen, was sie tun sollen, brauchen Sie wirklich einen anderen Weg, denn Druiden sind ein ziemlich selbstständiger Haufen, sie werden lediglich mit den Augen rollen und weggehen, wenn Sie versuchen, sie herumzukommandieren!

Druide zu werden, bedeutet, an einem Abenteuer teilzunehmen, dass seit dreihundert Jahren stattfindet und bei dem es auch weiter noch Unbekanntes zu entdecken gibt. Die Konzepte, Lehren und Übungen, die Sie in diesem Buch kennenlernen, sind Ihre ersten Schritte auf der Reise ins Druidentum. Die Bücher und andere Quellen am Schluss werden Ihnen weiterhelfen.

WEIßE GEWÄNDER UND GOLDENE SICHELN

Vielen fallen bei dem Wort Druiden zunächst alte Männer in weißen Roben ein, die goldene Sicheln nach Stonehenge tragen. Der Druide Miraculix aus den Asterix-Comics ist eine schöne Parodie dieses Bildes, die vielen modernen Druiden Spaß bereitet!

Der Ursprung dieser Vorstellung ist kompliziert. Eine der wenigen Beschreibungen der alten Druiden, aus denen man Schlüsse auf sie ziehen kann, besagt, dass sie weiße Roben trugen und mit goldenen Sicheln Mistelzweige von Eichenbäumen schnitten. Als im 18. Jahrhundert die druidische Tradition wieder auflebte, kleideten sich einige der Beteiligten auf diese Weise, um die alten Druiden zu ehren. Andere gingen eigene Wege. In einer der Druidengruppen des 18. Jahrhunderts trugen die Mitglieder normale Straßenkleidung, befestigten aber am rechten Arm bunte Bänder, deren Farbe anzeigte, wie weit sie im Studium und der Ausübung des Druidentums vorangeschritten waren.

Und heute? Wie bei so vielen Dingen hängt das vom Druiden ab. Einige mögen die klassische weiße Gewandung, wobei ich allerdings bisher noch keine goldene Sichel bei einem Druiden gesehen habe. (Beim heutigen Goldpreis wäre sie auch sehr teuer.) Andere tragen andersfarbige Kleidung oder zeremonielle Gewänder und viele Druiden ziehen sich einfach nur witterungsgerecht an.

Einige spirituelle Traditionen legen sehr großen Wert auf die Auswahl der richtigen Kleidung, Symbole, rituellen Gegenstände und so weiter. Das Druidentum gehört nicht dazu. Natürlich dürfen Sie sich ein weißes Gewand zulegen und eine Sichel, und einige moderne Organisationen und Bücher motivieren Sie dazu, bestimmte Dinge für die druidische Arbeit herzustellen oder zu kaufen, aber was Sie brauchen, um das Druidentum zu studieren und auszuüben, sind nur Sie selbst und das Universum, in dem Sie leben.

KAPITEL 1

Die Druiden alter Zeit

UM DIE WURZELN DES MODERNEN DRUIDENtums zu verstehen, hilft es, sich der fernen Vergangenheit zuzuwenden. Stellen Sie sich einen Moment vor, Sie könnten in der Zeit zurückreisen, und zwar zweitausend Jahre zurück in das nordwestliche Europa. Dorthin, wo heute die Länder Irland, Großbritannien und Frankreich liegen. Die Menschen dort lebten in vielen kleinen Stämmen, sie sprachen unterschiedliche Versionen einer gemeinsamen Sprache. Sie bauten Weizen und Gerste an, züchteten Kühe, Schweine und Schafe, sammelten Nüsse und Wildpflanzen in den Wäldern, jagten Tiere und fingen Fische. Ihre Dörfer lagen verstreut, ihre Häuser waren teilweise in den Boden gegraben, um im Winter warm und im Sommer kühl zu bleiben. Sie beteten viele Götter und Göttinnen an, feierten anhand eines komplexen Kalenders lokale Feste und hielten Zeremonien ab, sie liebten Musik, Dichtkunst und Geschichten.

Sie kämpften auch gegeneinander. Ihre Häuptlinge fuhren in Wagen, die von Ponys gezogen wurden, die jungen Männer gingen zu Fuß und trugen Speere, Schwerter und große Schilde. Die großen Entdeckungen, durch die sich das Leben in den Regionen weiter südlich und östlich bereits veränderte – Schreibkunst, Städtebau und mehr – hatten sie noch nicht erreicht. Sie waren die alten Kelten und unter ihnen gab es die ersten Druiden.

Heute weiß niemand mehr, woher die erste und älteste Version des Druidentums stammt. Vielleicht war es eine Erfindung der alten Kelten selbst. Möglich ist auch, dass es von den Menschen, die vor den Kelten in diesen Landstrichen wohnten, an sie übergeben wurde – das vergessene Volk, das Stonehenge und die anderen Steinkreise dort gebaut hat. Oder es hatte einen ganz anderen Ursprung. Wir können es heute nicht mehr bestimmen. Was wir wissen, ist, dass Reisende aus Griechenland und Rom in den nordwestlichen Gebieten Europas Druiden antrafen, die in den Stämmen lebten: Männer und Frauen, die ihr Leben dem Wissen und der Weisheit widmeten.

Diese Druiden wussten um die Kraft der Kräuter und Steine und den Rhythmus der Planeten und Sterne. Sie dichteten, erzählten Stammesgeschichten und Mythen und gaben ihre Weisheit an diejenigen weiter, die von ihnen lernen wollten. Druiden waren keine Priester und Priesterinnen – die Reisenden durch die keltischen Länder hatten solche zuhauf in ihrer Heimat und benutzten diese Bezeichnung nie für Druiden. Der Name, den diese Weisheitsuchenden für sich selbst verwendeten, ist vermutlich dem Walisischen entnommen, das vom Keltischen abstammt, und bedeutet „Eichenkundiger", „Druide" leitet sich von *derwydd* aus *derw* (Eiche) und *gwydd* (*-wydd*) ab, das in Kombination mit einem anderen Wort für Weisheit oder Wissen steht.

Junge Männer und Frauen ließen sich von erfahrenen Druiden ausbilden. Die Lehren wurden nicht aufgeschrieben, sondern mussten sich ins Gedächtnis

eingeprägt werden. Manche Schüler brauchten zwanzig Jahre, um alles zu lernen, was sie brauchen, um Druide zu werden. Wenn sie ihre Ausbildung beendet hatten, nahmen sie nicht mehr am Kriegsgeschehen ihres Stammes teil, sondern widmeten sich dem Lehren und anderen Aufgaben von Druiden. Einige heirateten und gründeten Familien, andere nicht. Häufig wurden die weisesten und gebildetsten Druiden zu königlichen Beratern, während andere viel bescheidenere Leben in kleinen Dörfern führten, wo sie Kinder unterrichteten, sich um Kranke kümmerten und Zeremonien durchführten.

So war es zumindest, bis die Römer ihren Siegeszug durch Nordwest-Europa begannen. Die keltischen Krieger kämpften tapfer, aber gegen die römische Militärtechnologie und Organisation war ihr Einsatz hoffnungslos. Den Druiden kam während der langen Zeit der Kämpfe eine wichtige Rolle in der Koordinierung des Widerstands zu. Die Römer reagierten darauf, indem sie das Druidentum verboten und viele Druiden töteten. In den von Rom eroberten Gebieten – dem heutigen Frankreich, der Bretagne, England und Wales – überlebte das Druidentum nur im Geheimen. Viele Druiden mussten andere berufliche Wege für sich finden. Jahrhunderte nach der Eroberung erwähnt ein römischer Schriftsteller einen Druiden, der eine Herberge besaß. In den keltischen Ländern ohne römische Besetzung – dem heutigen Schottland und Irland – blieben die Druiden über Hunderte von Jahren weiter aktiv.

Das sich verbreitende Christentum bedeutete schließlich das Ende des alten Druidentums. Überall verfolgten sich damals Christen und Heiden auf brutale Weise. Im alten Schottland und Irland geschah das zwar seltener, aber christliche Missionare, die dorthin kamen, misstrauten dennoch allen anderen spirituellen Traditionen außer ihrer eigenen. Unter dem Druck keltischer Häuptlinge arbeiteten christliche Vertreter und Druiden einen schwachen Kompromiss aus. Druiden, die nicht zu christlichen Priestern, Mönchen und Nonnen konvertierten, wurden von da an zu Barden, die ihr Wissen über Mythen und Stammesgeschichte sowie ihre Dichtkunst zu ihrem Lebensunterhalt einsetzten und um zumindest einige ihrer Bräuche zu erhalten. Durch die Generationen, die folgten, blieben dank der Barden die keltischen Sagen erhalten, aber viel Wissen der Druiden ging verloren, die Druiden selbst wurden zu einer vagen Erinnerung. Mehr als eintausend Jahre sollten vergehen, bis Druiden dem Reich der Erzählungen entstiegen und in die Wirklichkeit zurückkehrten.

MISTELZWEIG

Einer der detailreichsten Beschreibungen der alten Druiden stammt von dem römischen Schriftsteller Plinius dem Älteren, der in seinem Buch *Naturalis* historia eine druidische Zeremonie festhielt. Demnach hielten Druiden Misteln, parasitäre Pflanzen, die auf Bäumen wachsen, für heilig. Sie glaubten, Misteln seien besonders heilig und medizinisch wirksam, wenn sie an Eichen wuchsen, was in Europa nur sehr selten vorkam.

Entdeckten Druiden solch eine Eiche, zogen sie weiße Gewänder an und ernteten die Misteln am sechsten Tag nach Neumond. Ein Druide kletterte an der Eiche mit Mistelbewuchs hoch und schnitt mit einer goldenen Sichel die Pflanzen ab, andere Druiden standen unten und hielten ein weißes Tuch auf, mit dem sie sie auffingen. Nach der Ernte wurden den keltischen Göttern zwei Ochsen zum Opfer gebracht, ihr Fleisch wurde gebraten und in großer Gemeinschaft verzehrt, um zu feiern, dass die Druiden aus den Misteln eine Medizin gewinnen konnten, die, wie Plinius schrieb, einfach alles heilen konnte.

Plinius irrte sich bei mindestens einem Detail der Zeremonie: Gold ist viel zu weich als Material für eine Sichel, sie würde den harten Stiel einer Mistel nicht durchtrennen können. Die alten Kelten waren allerdings geschickte Schmiede, für sie wäre es ein Leichtes gewesen, eine Stahlsichel herzustellen und diese – außer die Schneidekante – mit Gold zu überziehen. Was in Plinius' Darstellung noch verkehrt sein könnte, wissen wir nicht, aber sie wurde viele Jahrhunderte später zur Inspiration der Wiederbelebung des Druidentums.

STONEHENGE

Wir wissen heute nicht, ob die alten Druiden irgendetwas mit Stonehenge zu tun hatten, diesem berühmten Steinkreis aus Menhiren auf der englischen Salisbury Plain. Archäologen datieren die Ankunft der ersten keltischen Stämme in Britannien auf später als 1300 v. Chr. Stonehenge wurde in mehreren Phasen errichtet, die erste begann um 2950 v. Chr., die letzte etwa 1600 v. Chr. Entstammten die alten Druiden den keltischen Völkern, kamen sie erst nach Stonehenge auf. Wenn der Ursprung des alten Druidentums aber in den Zeiten der Errichtung der Steinkreise liegt und an die später im Nordwesten Europas siedelnden Kelten übermittelt wurde, dann würde die Behauptung Sinn machen, dass die alten Druiden von den Erbauern von

Stonehenge abstammten. Ohne entsprechende Fakten zu kennen, können wir aber unmöglich sicher sein.

Was wir aber wissen, ist, dass Stonehenge und andere Megalithbauten eine wichtige Rolle in der Entwicklung des modernen Druidentums spielten, die im 18. Jahrhundert ihren Anfang nahm. Besuchern von Steinkreisen wird, wie zahllosen Druiden vor ihnen, auffallen, dass im Gegensatz zu den meisten Kirchen und Sakralbauten, die ihren Innenraum nach außen abschotten, die Kreise die Aufmerksamkeit auf die umgebende Landschaft und den Himmel lenken. Diese Erkenntnis ermutigte diejenigen, die das Druidentum wiederaufleben ließen, es zu einem spirituellen Pfad zu gestalten, der in der lebendigen Natur verwurzelt ist. Daher war es den Druiden wichtig, dass

sie ihre ersten Rituale in Steinkreisen durchführen konnten, und das sehr schnell nach Beginn des Druid Revival. Und sobald sie die Genehmigung dafür besaßen, begrüßten sie die Sommersonnenwende in Stonehenge.

Aus archäologischer Sicht kommt bisweilen der Hinweis, dass die Erklärung nicht ganz stimmig ist, aber dabei wird vergessen, dass die Geschichte Stonehenges als heiliger Ort nicht 1600 v. Chr. endet. Stonehenge ist und bliebt vielen Druiden auf der ganzen Welt heilig, ist es aber auch für Menschen, die sich nicht zu den Druiden zählen, die es aber als transformativ erfahren, umgeben von den riesigen Steinen dort unter dem offenen Himmel zu stehen – wie es bereits die ersten Kelten erlebten, die ihren Fuß auf britisches Land setzen.

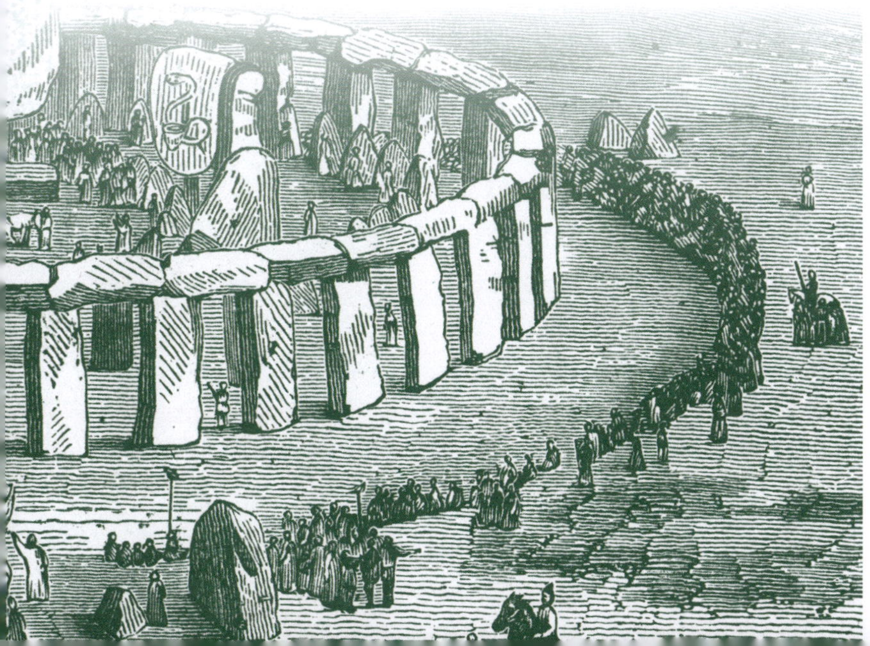

SAGEN DER KELTEN

Zum Erbe aus den Zeiten der alten Kelten gehören einige Sagensammlungen, die im Mittelalter niedergeschrieben wurden. Die Mehrzahl überlebte in Irland, wo das Druidentum am längsten durchhielt und wo christliche Mönche voller Stolz die Erzählungen ihrer Vorfahren handschriftlich festhielten. Drei große Geschichtszyklen stammen aus Irland: der Mythologische Zyklus, eine Chronik der Besiedlung Irlands durch die verschiedenen Einwanderergruppen und ihre Götter, der Ulster-Zyklus, in dessen Zentrum die Erzählungen über den Helden Cuchulain und die Krieger des Roten Zweiges stehen, und den Finn-Zyklus, bei dem sich die Geschichten um den kriegerischen Häuptling Fionn Mac Cumhaill und seine Gefährten drehen.

Als Wales kommen vier Geschichten über *Die vier Zweige des Mabinogi*, die vor der Eroberung durch die Römer spielen, und einige andere alte Erzählungen. Wales und die Bretagne hielten die Traditionen stärker am Leben. In beiden Ländern finden sich volkstümliche Geschichten über einen Kriegsführer im frühen Mittelalter, die mit viel älterem Erzählmaterial angereichert wurden, das bis in die keltische Vergangenheit reicht. Im 12. Jahrhundert brachten walisische und bretonische Geschichtenerzähler sie ihrem eifrig lauschenden Publikum zu Gehör, wobei sie sie in den Ritterkult der damaligen Zeit einbetteten. Der Kriegsführer wurde zu König Artus, seine Krieger wandelten sich zu den Rittern der Tafelrunde und die Artuslegende wurde zum Speicher keltischen Wissens und Erzählguts unter einer dünnen Schicht mittelalterlicher Bildsprache.

Viele der heutigen Druiden studieren diese Sagen, um zu einem tieferen Verständnis für die keltischen Wurzeln des Druidentums zu gelangen. Aber machen Sie nicht den Fehler und sehen sie als heilige Schriften an! Das, was für moderne Druiden einer Bibel am nächsten kommt, ist die Natur selbst, die dem, der sie aufmerksam beobachtet, Weisheit verleiht. Die Legenden der alten keltischen Stämme dienen zum Studium, Nachdenken und sind vor allem zur Freude da.

KAPITEL 2

Das Wieder-aufleben: Druid Revival

ZU BEGINN DES 18. JAHRHUNDERTS WAREN viele Menschen in Großbritannien unzufrieden mit dem spirituellen Angebot. Auf der einen Seite pflegten die damaligen Kirchen ein kaltes und rationales Christentum, das persönliche spirituelle Erfahrungen durch blinden Glauben und strenge Lehren ersetzte und Gehorsam gegenüber der herrschenden sozialen Ordnung verlangte. Auf der anderen Seite gab es die Anhänger des neuen wissenschaftlichen Materialismus, die Spiritualität als unsinnig bezeichneten und behaupteten, außer Leben und Tod würde es nichts geben. Die Menschen hatten die Wahl zwischen diesen beiden Ansichten, was manche dazu brachte, nach einer dritten Möglichkeit zu suchen. Dabei stießen sie unter anderem auf die Legenden der alten Druiden.

Britische Historiker hatten bereits alles zusammengetragen, was griechische und römische Autoren über die Druiden ihrer Zeit zu sagen hatten und sich dem alten irischen Wissen über Druiden zugewandt. Damit erleichterten sie es den Menschen im 18. Jahrhundert, eine Tradition zu gestalten, die der der alten Druiden ähnelte, sich aber an die Bedürfnisse ihrer eigenen Zeit anpassen ließ. Zudem hatte die Vorstellung einer Naturspiritualität, die unter freiem Himmel praktiziert wurde und den Geist in der Natur erkannte, etwas außerordentlich Ansprechendes für Menschen, die nach der ersten Welle der Industriellen Revolution bereits die schädlichen Auswirkungen auf die Natur wahrnahmen. Zwar waren die Geheimnisse der alten Druiden für immer verloren, dennoch entschlossen sich einige dieser Rebellen des 18. Jahrhunderts, diesen Namen zu übernehmen und machten sich auf, alte Traditionen zu entdecken oder neu zu erfinden. Die Bewegung, die sie begründeten, wurde als Druid Revival (Wiederaufleben des Druidentums) bekannt.

Wann das Druid Revival begann, lässt sich nicht mehr sagen. Es heißt gelegentlich aus der heutigen Druidenschaft, dass die erste dieser modernen Organisationen 1717 ins Leben gerufen wurde – stichhaltige Beweise dafür gibt es bisher nicht. In den 1740er Jahren hielt der Reverend William Stukeley, ein einflussreicher früher Druide, zwanglose Treffen in seinem Londoner Haus ab. Am Ende des Jahrhunderts hatten sich Druidenvereinigungen in verschiedenen Gebieten Englands, Wales, Irlands und den noch jungen Vereinigten Staaten von Amerika gebildet, wo 1798 in New York die Society of Ancient Druids gegründet wurde. Die druidische Bewegung war damals zwar klein und verstreut, aber sie legte den Grundstein, auf dem Generationen zukünftiger Druiden aufbauen konnten.

Außerdem begründete sie eine Tradition, die für immer zentral bleiben sollte: der Verzicht auf Doktrin und Hierarchie, um die Bewegung nicht zu belasten. Zum Teil ist das den unterschiedlichen Ansichten der ersten Mitglieder über Spiritualität geschuldet. Von Anfang an gab es christliche Druiden, heidnische Druiden und pantheistische Druiden, und meist schafften sie es, gut miteinander auszukommen. Auch den Gedanken, dass es feste Formen des Glaubens oder des Gehorsams gegenüber Autoritätsfiguren geben muss, ließen sie hinter sich und verhalfen dem Druidentum damit zu seiner jetzigen Form als ein persönliches Zusammentreffen mit den Geistwesen der Natur.

Die Einigkeit in diesem Punkt half dem Revival, sich seiner größten Aufgabe zu stellen: der Notwendigkeit, neue Lehren und Praktiken zu finden. Das Wissen der alten Druiden war seit Jahrtausenden vergessen, sodass die neuen Druiden nur wenig hatten, womit sie arbeiten konnten. Fragmente keltischer Traditionen, die in der walisischen und irischen Literatur überlebt hatten, Anleihen aus anderen spirituellen Traditionen und persönliche Erfahrungen bildeten das Rohmaterial. Nach und nach allerdings setzten die Gruppen und einzelne Druiden Symbole, Rituale und Methoden zur spirituellen Praxis zusammen. Was davon funktionierte, wurde von den folgenden Generationen verfeinert. Die Offenheit für Innovationen und ihre Experimentierfreudigkeit wurden zur stärkenden Quelle der Bewegung.

Neue spirituelle Bewegungen kamen und gingen, aber das Druid Revival zeigte Stehvermögen. Im Verlauf des 19. und 20. Jahrhunderts verbreitete es sich durch Europa, Nordamerika, Australien und Neuseeland. Einigen Gruppen – vor allem in den keltischen Ländern wie Wales und der Bretagne – war es ein Anliegen, die keltischen Sprachen, Kultur und Literatur aufleben zu lassen und zu erhalten. Einige bildeten Kooperativen, die Menschen zusammenbrachten und ihnen halfen, den Anforderungen des Lebens standzuhalten. Einige führten an heiligen Orten wie Stonehenge und Glastonbury öffentliche Zeremonien durch, andere trafen sich privat in abgelegenen Wäldern. Die Gemeinschaft der Druiden ließ viel Raum für Abwandlung und Kreativität, die in die Traditionen des Druidentums einflossen und zu weiteren Erforschungen führten.

PYTHAGORAS UND DIE DRUIDEN

Bei dem Aufbau eines modernen Naturglaubens griffen die Gründer des Druid Revival als ihre wichtigste Quelle auf Aufzeichnungen griechischer und römischer Gelehrter über Druiden zurück, die fünfzehn Jahrhunderte zuvor geschrieben wurden. Sie fanden zwar bei keinem Autor eine vollständige Lehrstruktur der Druiden oder auch nur etwas annähernd Ähnliches, aber sie stießen auf wertvolle Hinweise. Einer davon war, dass die Lehre der Druiden viele Ähnlichkeiten aufwies mit denen des griechischen Philosophen Pythagoras.

Pythagoras wurde 570 v. Chr. geboren. Er bereiste die Welt auf der Suche nach Weisheit und gründete eine Schule in Crotona, der heutigen Stadt Crotone, in Italien. Heute erinnern wir uns meist an ihn wegen seiner Entdeckungen im Bereich der Geometrie, aber er war nicht nur Mathematiker. Er behauptete, er könne sich an seine früheren Leben erinnern und lehrte ein spirituelles System, das heilige Geometrie, Astronomie und Musik als meditative Fächer und zur geistigen Übung umfasste. Wie die Druiden hinterließ auch er keine Aufzeichnungen, aber zu einem späteren Zeitpunkt schrieben Studenten der – wie sie bereits hieß – pythagoreischen Tradition seine Lehren auf.

Die modernen Druiden fanden Inspiration in Hülle und Fülle in diesen Schriften, an denen sie sich freizügig bedienten. Druiden mit Interesse an Stonehenge und anderen alten Orten entschlüsselten die Geometrie, die der Errichtung zugrunde lag und trainierten ihren Verstand nach einem System, das dem pythagoreischen nachempfunden ist. Generell regten die Reisen des Pythagoras auf der Suche nach Weisheit viele Druiden dazu an, sich mit anderen spirituellen Lehren und Traditionen zu beschäftigen und sich von ihnen inspirieren zu lassen, um das Druidentum zu bereichern.

DIE ELEFANTEN DES WILLIAM STUKELEY

Zu den einflussreichsten Druiden der Anfänge gehörte Reverend William Stukeley. Geboren 1687, war er später einer der ersten britischen Archäologen und auch Geistlicher der Anglikanischen Kirche. In seinen Büchern über die Steinkreise in Stonehenge und Avebury finden sich Züge der druidischen Philosophie wieder. Er war einer der Gründer des christlichen Druidentums und stieß eine weitere Tradition an, die sich daraufhin genauso stark im Druid Revival verbreitete: trockener Humor.

Die Historiker zu Stukeleys Zeit behaupteten, die früheren Bewohner Britanniens seien heulende, unwissende Wilde gewesen, der Grund für ihre Annahme, dass Stonehenge von den Römern, den Wikingern, den Phöniziern erbaut worden sein musste – eigentlich von jedem, nur nicht von der damaligen Bevölkerung. Stukeley machte sich über diese Theorien in einem Kapitel seines Buchs über Stonehenge lustig. Darin beharrt er darauf, dass die Steinkreise von intelligenten Elefanten aus Afrika errichtet wurden und verwendet die Argumente der Historiker, um diese alberne Theorie zu belegen. Eine großartige Satire – obwohl auch heute noch nicht jeder den Witz versteht.

Und Stukeley war bei Weitem nicht der einzige bedeutende Druide, der diesem Humor frönte. Im 19. Jahrhundert beispielsweise glaubten einige Historiker daran, dass die älteste Religion der Welt – gegründet von den Überlebenden der biblischen Sintflut – als zentrale religiöse Symbole die Sonne und Noahs Arche hatte. Dieser Helio-Arkite Glauben wurde umgehend und fröhlich von den Druiden adoptiert, die ihn benutzten, um sich über die Angriffe der weniger toleranten christlichen Geistlichen lustig zu machen. Und als gute Helio-Arkiten konnten sie wohl mit den Augen rollen über Nachzügler wie die Presbyterianer und Baptisten!

DER BARDE VON GLAMORGAN

Sein Geburtsname war Edward Williams und er war Bauarbeiter, aber unter seinem Künstlernamen Iolo Morganwg wurde er zu einer der größten Persönlichkeiten des Druid Revival. Geboren 1747 im County Glamorgan im Süden von Wales, sprach Iolo seit seiner frühesten Kindheit fließend walisisch. Als Teenager erlernte er von einigen der letzten Barden die Kunst der traditionellen walisischen Dichtkunst. Als Erwachsener zog er nach London, um als Dichter Karriere zu machen, allerdings mit mäßigem Erfolg. Es gab kaum jemanden, der sich für seine Kunst interessierte. Am Ende dachte er sich „alte" Gedichte aus, von denen er behauptete, sie in Wales gefunden zu haben, um Publikum anzulocken. (Er leistete sehr gute Arbeit. Einige seiner Fälschungen wurden erst in den 1950ern als solche entlarvt.)

Auf diese erstaunliche Weise fand ihn der Erfolg endlich doch noch. Dreißig Jahre lang reiste er mit Unterstützung von Freunden und Bewunderern durch Wales, gründete *gorseddau* (Bardenvereinigungen) und rief Dichter zur Rückkehr zu den Traditionen der Barden auf. Traditionen, die Iolo zumeist selbst erfunden hatte. Die Dichter, aber auch viele andere, reagierten darauf mit Begeisterung. Seine Bemühungen entfachten eine intensive Wiederbelebung der walisischen Dichtkunst, Kultur und Sprache und zogen sich auch durch das Druid Revival. Bis heute ist es sehr wahrscheinlich, dass Druiden bei Zeremonien etwas einbauen, das von Iolo Morganwg stammt.

KAPITEL 3

Druiden heute

HEUTE FLORIERT DAS DRUIDENTUM. ZWAR bekommen Druiden nur wenig Aufmerksamkeit durch die Massenmedien, aber man findet sie quer durch Europa, Nordamerika, Australien und Neuseeland, in einigen Teilen Asiens und Südamerikas. Als der Historiker Michael Raoult, dessen Spezialgebiet das Druidentum ist, sich daranmachte, die Größe der Bewegung in den frühen 1980er Jahren zu bestimmen – der bisher einzige Versuch eines Druiden-Zensus –, kam heraus, dass es zwischen einer und zwei Millionen Druiden weltweit gab. Bedenkt man das stetige Wachstum der Tradition in den letzten Jahren, liegt man heute mit dem oberen Wert vermutlich richtig.

Die neuere Geschichte des Druidentums wurde komplizierter durch das Aufkommen neu-heidnischer Religionen wie Wicca. Wie auf den Seiten 34–35 zu lesen ist, sind Wicca und Druidentum zwei verschiedene Dinge, auch ist das Druidentum nicht Teil der neu-heidnischen Bewegung.

Das Druid Revival gab es bereits seit mehr als zweihundert Jahren, bevor die ersten neu-heidnischen Religionen nach dem Zweiten Weltkrieg auftauchten. Die Beziehungen zwischen Druiden und Neu-Heiden waren bisweilen schwierig, weil bestimmte neu-heidnische Gruppen sich zu den wahren Erben der alten keltischen Spiritualität erkoren und das Druidentum hitzig anprangerten. Aber es gab auch konstruktive Annäherungen zwischen Druidentum und Neu-Heidentum. Das führte dazu, dass einige Neu-Heiden Teile aus den Druid Revival-Lehren und Methoden übernahmen und andersherum genauso.

Wer heute einer Druidenorganisation beitreten möchte, hat die Qual der Wahl. Die weltweit größte ist der Order der Barden, Ovaten und Druiden (OBOD), 1964 von Ross Nichols gegründet, einem englischen Dichter und Lehrer/Erzieher, der seine Ausbildung und Initiation in einem anderen Orden erhielt, später jedoch seiner eigenen Vision folgte. Nach Nichols' Tod 1974 zerfiel der OBOD, wurde aber zehn Jahre später von Philip Carr-Gomm wiederbelebt, der sich ein Fernlernprogramm ausdachte, das sehr erfolgreich wurde. Dieses Programm und Carr-Gomms zahlreiche Bücher über das Druidentum spielten in den folgenden Jahren die entscheidende Rolle für das Wachstum der Druiden-Bewegung überall auf der Welt.

Auch der Ancient Order of Druids in America (AODA) durchlief einen solchen Wandel. Eine Gruppe amerikanischer Druiden gründete den Orden 1912. Wie viele andere kleinere, spirituelle Gruppen erfuhr auch der AODA seine Höhen und Tiefen. Zu Beginn des

21. Jahrhunderts stand der Orden kurz vor der Auflösung, aber mit der Wahl eines neuen Großen Erzdruiden (Grand Archdruid) 2003 brachen neue Zeiten an. Wie eingangs erwähnt, folgte dem Ereignis eine Phase stetigen Wachstums, die bis heute anhält. Inzwischen sind neue Organisationen wie das Druid Network entstanden – mit neuen Möglichkeiten, wie Druiden miteinander in Kontakt treten und mehr über die Traditionen erfahren.

Auf jeden Druiden, der zu einer solchen Organisation gehört, gibt es viele, die Mitglieder in kleinen, meist lokalen Einheiten sind, häufig zwanglose Gruppen von Freunden, die das Interesse an der Naturspiritualität teilen oder die das Druidentum für sich allein praktizieren. Die steigende Zahl der Einzeldruiden, zuerst in Gang gebracht durch das Fernlernprogramm des OBOD, später durch die Veröffentlichung vieler guter Bücher über das Thema und schließlich die Präsenz von Lernmöglichkeiten im Internet, gehört zu den bemerkenswertesten Veränderungen der letzten Jahre. Sie mögen es bereits erraten haben: Dieses Buch ist dafür gedacht, Einzeldruiden und kleine, lokale Druidengruppen mit Lektionen und Praktiken zu versorgen, die ihr Verständnis für das Druidentum und ihre Beziehung zur Natur und den spirituellen Mächten darin vertiefen.

Auf unserem Weg durch das 21. Jahrhundert ist es zu einem unserer wichtigsten Themen unserer Zeit geworden, das Verhältnis der Menschheit zur Natur und zum Geist neu auszurichten. Die Auswirkungen der Industriellen Revolution auf die Umwelt, unter anderem ein Grund für die Entstehung des Druid Revival vor drei Jahrhunderten, ziehen sich über die ganze Welt und haben eine Krise ausgelöst, die uns alle betrifft. Versuche, diese Krise aus rein materialistischer Sicht anzugehen, ohne die Macht und Inspiration des geistigen Reiches einzubeziehen, haben sich als wenig erfolgreich herausgestellt. Viele spirituelle Traditionen haben eine Menge zu bieten in dieser Zeit der großen Bedrohung und großen Möglichkeiten, aber speziell der Fokus des Druidentums auf die Naturspiritualität spricht die Bedürfnisse vieler Menschen an. Dieses Buch soll Ihnen helfen, das zu finden, wonach Sie suchen.

DRUIDENTUM UND WICCA

Es kommt immer wieder vor, dass das Druidentum mit der neu-heidnischen Religion Wicca verwechselt wird. Zu diesem Missverständnis hat beigetragen, dass Gerald Gardner, der der erste war, der Wicca öffentlich machte, ein enger Freund von Ross Nichols war, einem der einflussreichsten Personen des Druidentums im 20. Jahrhundert. Die beiden teilten sich nicht nur viele Interessen und Ideen, sondern sogar ein Zeremonienschwert. In den 1950er Jahren achteten Gardner und Nichols bei den Terminen für ihre Rituale darauf, dass sie nie am selben Tag stattfanden, damit kein Streit um das Schwert entstand.

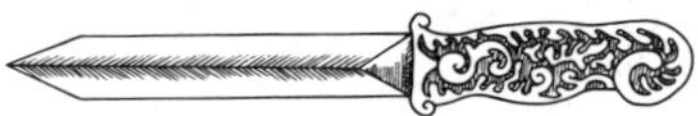

Wicca und Druidentum sind dennoch unterschiedlich. Wicca ist eine Religion mit einer Göttin und einem Gott und einer heiligen Schrift, dem Buch der Schatten, von dem jede Wicca-Tradition ihre eigene Version besitzt. Wicca verwendet andere Zeremonien, Bräuche, Symbole und anderen Jargon als das Druidentum. Pentagramme, Athame (Zeremoniendolche), rituelle Nacktheit, Sabbate, Kuchen und Bier, einen magischen Kreis ziehen und das Anrufen der Elemente – all das gehört zu Wicca, nicht zum Druidentum.

Bedeutet das, wer Wicca ist, darf das Druidentum nicht praktizieren? Mitnichten. Ein Aspekt des Druidentums, der es von vielen anderen spirituellen Traditionen unterscheidet, ist, dass es nicht exklusiv ist und dass jeder, der möchte, es ausüben kann. Vorausgesetzt, dass die Traditionen der Druiden respektiert werden und ihr Glaube oder ihre Praktiken anderen nicht aufgezwungen werden. Wie so häufig im Leben werden hierbei die meisten Probleme durch allgemeine Höflichkeit und die Bereitschaft zum Erlernen neuer Dinge gelöst.

DRUIDENTUM UND UMWELT

Seit den Ursprüngen des Druid Revival beobachten Druiden aufmerksam die Probleme, die durch die rücksichtslose Behandlung der Natur durch die Menschen entstehen. Viele wissen heute nicht mehr, dass es um 1800 eine massive Luftverschmutzung in vielen großen europäischen Städten gab oder dass Kohleabbau und Industriebezirke die Landschaft sogar noch früher zerstörten. Diese Anliegen sind im Druidentum weiterhin aktuell und gewichtig angesichts

der enorm gestiegenen Bevölkerungszahl und der Anzahl und Bandbreite der Umweltverschmutzer, die sogar noch rasanter gestiegen sind als die Bevölkerung.

Ein zentraler Aspekt des Druidentums hierbei ist, dass Umweltschutz beim Einzelnen beginnt. Eine der Hauptursachen für die fortschreitende Verschlimmerung der Umweltkrise trotz jahrzehntelangem Aktivismus ist, dass zu viele Menschen von anderen fordern, mit der Verschmutzung aufzuhören, während sie selbst nicht zur Veränderung ihres Lebensstils bereit sind. Der Fokus der Druiden liegt darauf, Verantwortung für den eigenen Anteil am Problem zu übernehmen, den ökologischen Fußabdruck zu verringern und an Baumpflanzprogrammen, Wiederherstellung von Habitaten und Ähnlichem mitzuwirken. Hier und bei anderen Themen erachten Druiden das persönliche Beispiel als die wirksamste Form der Führung.

Mahatma Gandhi wird ein Zitat zugeschrieben: „Sei du selbst die Veränderung, die du dir wünschst für diese Welt." Sie müssen Ihr Leben nicht sofort komplett umkrempeln, die Veränderung funktioniert besser, wenn sie im Kleinen beginnt, bei vielleicht ein, zwei Dingen. Zum Beispiel, indem Sie giftige Reinigungsmittel mit biologischen ersetzen oder statt im Winter die Heizung höher zu drehen, sich einen Pullover überziehen. Das klingt nach wenig, aber diese und vergleichbare Veränderungen machen einen riesigen Unterschied aus und entwickeln ein Gespür für ökologische Verantwortung im Handeln. Und daraus kann etwas Großes entstehen.

FRAUEN IM DRUIDENTUM

Immer wieder ist durch Bücher der Eindruck entstanden, dass das Druidentum eine Angelegenheit für Männer ist. Das war niemals der Fall. Zu Zeiten der alten Kelten lernten sowohl Frauen als auch Männer die Lehre und wurden Druiden. Das Druid Revival, davon inspiriert, ermutigte Frauen ab dem 18. Jahrhundert dazu, in der Bewegung aktive Rollen zu übernehmen. Heute ist das Verhältnis von Frauen und Männern im Druidentum ziemlich ausgewogen. Während ich dies schreibe, stehen zwei großen Druidenorganisationen, OBOD und AODA, Frauen vor.

Druiden machen über solche Dinge kein großes Gewese, der Grund dafür ist einfach: Das Geschlecht spielt im druidischen Gedanken und der Ausübung keine sonderlich große Rolle. Bei einigen religiösen und spirituellen Traditionen ist es sehr wichtig, zum Beispiel bei manchen Spielarten von Wicca, wo das Geschlecht von Göttin und Gott zentral ist. Einige Religionen ermöglichen Positionen wie die Priesterschaft nur einem Geschlecht.

Das Druidentum ist in diesem Punkt anders, denn die wichtigste Beziehung dort ist die zwischen dem Individuum und der Natur. Und dabei spielt das Geschlecht so gut wie keine Rolle. Und auch andere Aspekte, die Menschen häufig trennen, sind bedeutungslos, etwa Hautfarbe und Herkunft. Als Menschen haben wir alle dieselbe Beziehung zur Natur und den spirituellen Mächten, die darin wirken. Diese Gemeinsamkeit wiegt schwerer als alle Faktoren, die uns voneinander trennen könnten.

TEIL ZWEI

Die Weisheit der Druiden

HÄLT MAN SICH AN DIE AUFZEICHNUNGEN DER Reisenden, die die alten Druiden kennengelernt und über sie geschrieben haben, gingen sie in der Suche nach Weisheit auf. Was sie dabei entdeckten, werden wir vermutlich nie erfahren, aber ihr Beispiel inspirierte die Gründer des Druid Revival, sich auf dieselbe Suche zu begeben. Dreihundert Jahre später erben die heutigen Druiden von ihren Vorgängern auf dem Druidenpfad eine umfangreiche Sammlung an Traditionen, Lehren und Wissen.

Um dieses Erbe zu verstehen, ist es wichtig, sich den Unterschied zwischen Weisheit und Wissen zu merken. Sie können über ein enormes Wissen verfügen und dennoch nicht weise sein. Und Sie können weise sein, ohne jemals viel gewusst zu haben. Viele unserer heutigen Probleme sind tatsächlich dadurch entstanden, dass wir zu viel wissen und zu wenig weise sind!

Weisheit kann als Sinn für bedeutungsvolle Muster definiert werden. Wir erleben, dass sich überall auf der Welt Dinge nach immer wiederholenden Mustern und Rhythmen zutragen. Wer diese erkennt, kann erahnen, was geschehen wird und wie darauf reagiert werden sollte. So hat zum Beispiel alles, was aus Materie besteht, einen Lebenszyklus: Nach der Geburt folgt die Entwicklung, die Reifung, das Altern und der Tod. Lernt man, nach diesem Muster Ausschau zu halten, kann man sehr oft sehen, an welchem Punkt des Lebenszyklus sich jemand oder etwas befindet und man erkennt, ob jemand schwach ist, weil er sich am Anfang des Lebenskreises befindet oder weil er am Ende davon steht und seine Existenz langsam ausklingt.

Analog dem Konzept des Lebenskreises ist es ein zentrales Anliegen in der Lehre des Druidentums, Muster mit Bedeutung auf der Welt und in uns zu entdecken. Sie sind Instrumente des Denkens und nicht so sehr

Fakten über die Welt, die man sich einprägt oder die nachgeschlagen werden müssen. Traditionell werden sie in Symbolform vermittelt, die es einfacher macht, sie zu erlernen und es schwerer macht, dass Menschen sich vertun und sie doch für Fakten halten. Wenn Sie die folgenden Seiten lesen, halten Sie gedanklich bitte an diesem Unterschied fest. Welche Muster möchten diese Symbole mir beibringen? Könnten diese Muster für mich nützlich sein, um mir Dinge, die mich verwirren, zu erschließen?

Die Lehren des Druidentums sind ein Aspekt, bei dem sich das Druidentum nahe an eine Religion bringt, denn Religionen sind (unter anderem) riesige Sammlungen traditioneller Weisheit. Wofür die Symbole und Geschichten in Religionen auch sonst stehen mögen, sie transportieren den Sinn bedeutungsvoller Muster zu den Gläubigen. Und darin liegt einer der Gründe für religiöse Menschen, die Schriften und heiligen Erzählungen ihres Glaubens zu studieren und auch einer der Gründe, warum Druiden die Mythen und Sagen der Alten studieren – es ist Teil der Suche nach Weisheit. Die Ausübung der druidischen Meditation, um die es in Kapitel 9 geht, dient unter anderem zum Verständnis von Mustern, die in die alten Geschichten und Symbole verwoben sind.

DRUIDENTUM UND RELIGION

Seit den frühen Tagen des Wiederauflebens des Druidentums sind einige Druiden aktive Mitglieder in Kirchen und anderen religiösen Vereinigungen, andere nicht. Dadurch entwickelten sie Formen des Druidentums, die sich nach bestimmten religiösen Varianten ausrichteten, sodass im modernen Druidentum manchmal die Rede ist vom christlichen Druidentum, neu-heidnischen Druidentum und so weiter. Gehören Sie einem bestimmten Glauben an, können Sie für Ihren eigenen Pfad des Druiden sicherlich daraus schöpfen und beides miteinander verknüpfen, wie es viele Druiden vor Ihnen bereits praktizierten.

PANTHEISTISCHES DRUIDENTUM hat seinen Ursprung ebenfalls zu Beginn des Druid Revival – John Toland, dem ersten einflussreichen Pantheisten in der englischsprachigen Welt, wird die Ehre zugeschrieben, ein Gründungsmitglied einiger heute bestehender Bräuche zu sein. Pantheisten glauben nicht an eine persönliche Gottheit, sondern betrachten die Natur selbst als nicht-persönliche göttliche Einheit. Sie sehen jede materielle Sache als Teil des göttlichen Körpers an und jedes Lebewesen als Zelle des göttlichen Geistes.

CHRISTLICHES DRUIDENTUM datiert zurück auf die frühen Anfänge des Druid Revival. William Stukely, eine der wichtigsten Personen der Druiden-Bewegung des 18. Jahrhunderts, war anglikanischer Priester, und seitdem waren schon viele Druiden Mitglieder verschiedener christlicher Kirchen oder bekleideten Ämter dort. Die christlichen Druiden denken daran, dass das erste Kapitel des Johannes-Evangeliums lehrt, dass die Natur durch Jesus Christus erschaffen wurde – „Alles ist durch das Wort geworden / und ohne das Wort wurde nichts, was geworden ist." Daher ist die Natur für sie das älteste Evangelium, die erste Offenbarung der göttlichen Natur für die Wesen der Schöpfung.

NEU-HEIDNISCHES DRUIDENTUM ist eine weitere, lang etablierte Tradition, die auf die ersten Versuche im 18. Jahrhundert zurückgeht, die religiösen Bräuche der alten keltischen Völker wiederzuentdecken. Das neu-heidnische Druidentum ist polytheistisch, es kennt und betet also – wie die alten Kelten – viele Götter und Göttinnen an. Jede Gottheit beherrscht eine oder mehrere Naturkräfte. Religiöse Inspiration sind diejenigen Mythen, Legenden und Traditionen der alten keltischen Spiritualität, die bis heute erhalten blieben.

Ist das die ganze Auswahl? Natürlich nicht. Es gibt außerdem noch jüdische, buddhistische, hinduistische Druiden und so weiter. Wenn Sie einer dieser Religionen angehören, oder einer anderen, und außerdem den Pfad des Druiden gehen möchten, kann Ihnen ein intensives Studium der Schriften und Bräuche

Ihres Glaubens zusammen mit den Lehren des Druidentums helfen, den für Sie besten Weg zu finden. Wenn Sie sich andererseits nicht in der Religion wohlfühlen und sie für Sie unpassend halten, können Sie sich auch ausschließlich auf das Druidentum konzentrieren.

KAPITEL 4

Das Eine Leben

MYSTIKER, VISIONÄRE, HEILER UND Studenten alten Wissens überall auf der Welt und durch die Zeitalter hindurch lehrten, dass das Leben nicht einfach nur ein zufälliger chemischer Vorgang ist, der in einigen Dingen stattfindet, in anderen nicht. Das Leben, aus ihrer Sicht, ist eine Kraft, die überall und in allen Dingen existiert – ob sie nach menschlichem Ermessen lebendig sind oder nicht. Diese Lebenskraft ist in den Sprachen dieser Welt mit unzähligen Namen versehen worden. Kampfsportler und buddhistische Mönche in Japan nennen sie *ki*, ihr chinesisches Pendant heißt *chi*. Bei indischen Yogis heißt sie *prana*, in der hebräischen Bibel *ruach*, im Neuen Testament auf Griechisch *pneuma*. Viele Druiden benutzen das walisische Wort *Nwyfre* (ausgesprochen: „nuif-räh"). Hier, in diesem Buch, verwenden wir ein anderes gebräuchliches Wort unter Druiden: das Eine Leben.

Gedanken wie diese machen den Unterschied. Stellen Sie sich vor, dass alles auf der Welt belebt ist, zu einem Ganzen miteinander verwoben durch das fließende Nwyfre, und die Art, wie Sie die Welt erleben, ist eine völlig andere, als wenn Sie der Idee folgen, dass sie ein riesiges, totes Loch ist, in dem zufällig verstreute Materieklumpen herumtreiben. Letzteres ist unter Wissenschaftlern momentan sehr beliebt, aber es gibt auch Forschende, die dieses Weltbild als ungenau bezeichnen und vermuten, dass zukünftige Wissenschaftler den Weg zurück zur traditionellen Sichtweise finden und das Leben als Kraft ansehen, die durch alles, was es im Universum gibt, fließt.

Nehmen Sie sich einen Moment, um sich in die traditionelle Denkungsart über die Welt hineinzuversetzen. Sehen Sie vor Ihrem geistigen Auge, wie die Lebensenergie durch alles um Sie herum fließt, auch durch Sie selbst. Spüren Sie, wie Sie sie beim Einatmen aufnehmen und Sie beim Ausatmen sanft verlässt. Jedes Atom um Sie herum wird durch ein Gitter aus Lebensenergie an seinem Platz gehalten und von Ihnen – als Teil der Lebensenergie, als der- oder diejenige mit dem Einen Leben. Das ist die Art, wie Druiden die Welt erleben. Wenn Sie in den Praktiken des Pfads der Druiden geübt sind, werden Sie dies als natürlich und unkompliziert empfinden.

Alles auf der Welt manifestiert das Eine Leben auf eigene Art. In Steinen zeigt es sich als Festigkeit, im fließenden Wasser als Fluss, im Wind als Bewegung, in der Sonne als Licht und Hitze. Pflanzen und Bäume drücken das Eine Leben in ihrem Wachstum und ihrer Form aus, Tiere in ihrer Aktivität und ihrem Bewusstsein. Jede Pflanze, jedes Tier zeigt es auf ganz eigene Weise. Lernen Sie die Baumarten kennen, die in Ihrer Nähe wachsen, und Sie werden erkennen, wie individuell jeder Baum wächst, sich bewegt und sich an den Kreislauf der Jahreszeiten anpasst. Lernen Sie, welche Tiere und Vögel in Ihrer Nähe leben und Sie werden sehen, wie sie sich bewegen, wie sie

sich verhalten und auf die Dinge reagieren, denen sie begegnen. Alles das ist Ausdruck des Einen Lebens.

Auch jeder Mensch drückt auf seine einzigartige Art das Eine Leben aus. In der druidischen Tradition wird dies als Awen („A-uwen" ausgesprochen) bezeichnet, der Geist der Schöpfung und Inspiration. Die Fähigkeit, sich etwas vorzustellen, zu erfinden und zu erschaffen, ist die deutliche Art, wie das Eine Leben sich in uns ausdrückt. Das unterscheidet uns von anderen Lebewesen, unterscheidet uns aber auch voneinander, denn jeder hat sein ganz persönliches Awen. Einige Druiden drücken ihr Awen durch Musik, Tanz, Schreiben oder andere Kunstformen aus. Eine andere Kunst ist sogar noch wichtiger, das ist die Kunst des Alltags.

DER LEBENSSTIL VON DRUIDEN

In vielen spirituellen Traditionen existieren lange Listen mit Regeln und Geboten, die ihren Anhängern erklären, wie sie zu leben haben. Von Anfang an gab es im Druid Revival einen anderen Ansatz. Da das Awen jedes Menschen zumindest minimal von denen anderer Menschen abweicht, können nicht einmal zwei Menschen auf genau dieselbe Art und nach denselben Regeln leben. Der druidischen Lebensart zugrunde liegt daher die Suche nach dem eigenen Awen, dem gefolgt werden kann: Herausfinden, welches Leben für einen bestimmt ist, welche Inspirationen einen ansprechen oder welche Formen der Kreativität, um dann dieses Leben zu leben, der Inspiration zu folgen und die eigene, weltweit einzigartige Kreativität auszudrücken.

Das ist nicht so einfach. Jede menschliche Gesellschaft stellt Regeln und Bräuche auf, wobei darauf geachtet wird, dass sie für die meisten Menschen zur überwiegenden Zeit funktionieren. Wenn Sie Ihrem eigenen Awen folgen, geraten Sie bisweilen zwangsläufig in Konflikt mit den Erwartungen und Gebräuchen anderer Menschen. Da ihnen dasselbe Recht zusteht, ihrem Awen zu folgen wie Ihnen, dürfen Sie sie nicht dazu bringen, sich so zu benehmen, wie Sie es gerne hätten. Alles, was Sie machen können, ist, Ihr eigenes Leben so zu führen, dass Konflikte möglichst vermieden werden und zu akzeptieren, dass einige Menschen Sie nie verstehen werden.

Denken Sie aber gleichzeitig daran, dass Ihr Weg für andere Menschen nicht unbedingt der richtige sein muss. Einige Druiden verdeutlichen das über die Ernährung der Druiden. Eine spezielle Diät für Druiden? Sie besteht darin, herauszufinden, welche Nahrungsmittel Sie gesund und froh machen und sich dann auf Grundlage dieser Erkenntnis zu ernähren. Ihr Körper unterscheidet sich mindestens ein bisschen von den Körpern aller anderen Menschen auf der Welt. Die Ernährungsweise, die ihn gut versorgt, eignet sich vielleicht für niemanden sonst.

Das mag sich in Zeiten, in denen so viele Menschen davon besessen zu sein scheinen, jedem zu erzählen, wie er zu leben hat, seltsam anhören, aber so ist nun mal die Art der Druiden. Suchen und folgen Sie Ihrem eigenen Awen und überlassen Sie es anderen Menschen, ihre eigenen Entscheidungen zu treffen, das kommt allen zugute.

DAS EINE LEBEN IN ALLEN DINGEN ERKENNEN

Wir stehen ständig in Kontakt mit dem Einen Leben, da es unsere bloße Existenz sichert. Es ist allerdings möglich, sich dieses Kontaktes bewusster zu werden. Druiden üben sich darin, achtsamer gegenüber der Verbindung zum Leben in allen Dingen zu sein. Das kann auf viele Methoden geschehen und so kann das Druidentum als Ganzes als das Erkennen und Ehren unserer Beziehung zu dem Einen Leben angesehen werden.

Wie Sie mit der Natur, die Sie umgibt, in Verbindung stehen, ist, unter anderem, die Art, mit der Sie in Kontakt mit dem Einen Leben stehen. Die Luft, die Sie atmen, das Wasser, das Sie trinken, die Nahrung, die Sie essen, die materiellen Dinge, mit denen Sie zu tun haben und über allem die Lebewesen, Menschen und andere, die Teil Ihres Lebens sind – all dies sind Formen der Lebensenergie, die sie auf ihrem Weg durch das Universum annimmt, unter anderem auch als Ihr Körper, Ihr Geist und Ihre Seele. Wie Sie mit diesen Formen umgehen, ist Teil Ihres Umgangs mit dem Einen Leben.

Viele Druiden zeigen ihre Verbindung zu dem Einen Leben durch praktizierte Dankbarkeit. Seien Sie mindestens einmal täglich – und gerne öfter, wenn Ihnen danach ist – dankbar für alles, was Sie am Leben hält. Nehmen Sie sich einen Moment, um über die kleinen und die großen Dinge nachzudenken, die Ihr Leben und Wohlbefinden ermöglichen. Seien Sie dankbar, dass es sie gibt und dass die Kreisläufe und Prozesse in der Natur Sie zusammengebracht haben. Wenn Sie sich die Zeit nehmen und sich informieren, wie die Natur arbeitet, wird diese Praktik lebendiger und bedeutungsvoller: Wenn Ihnen erst einmal bewusst ist, dass jeder Tropfen Wasser, den Sie trinken oder fürs Waschen oder anderweitig verwenden, durch Sonnenstrahlen aus einem entfernten Meer emporgezogen wurde, als Regen oder Schnee herabfiel und auf der Welt oberhalb oder unterhalb der Erdoberfläche unterwegs war, bevor er in einem Rohr aufgefangen und bis zu Ihrem Wasserhahn transportiert wurde, dann wird das Erleben von Wasser Teil eines der größten Kreisläufe in der Natur.

Das Zeigen von Dankbarkeit ist besonders wichtig im Umgang mit Essen. Alles, was wir zu uns nehmen, hat einmal gelebt und hat sein Leben für unser Leben gegeben. Die Abhängigkeit von anderen Leben gilt für alle Lebewesen, nicht nur für Sie: Jedes Leben ernährt sich von anderen Leben und teilt sein Leben mit anderen Lebewesen. Mit jedem Bissen nehmen sie teil an einem Muster des Einen Lebens, das Ökologen das Nahrungsnetz nennen. Danken Sie vor jeder Nahrung den Leben, die helfen, Ihres zu erhalten. Wenn Sie dafür die traditionelle Form des Dankgebets bevorzugen – ob Sie dabei Ihre augenblicklichen Gedanken und Gefühle ausdrücken oder ein Familiengebet aufsagen –, ist das völlig in Ordnung.

Allgemein bekennen Druiden, dass sie keine einsamen, isolierten Leben führen. Jeder von uns besitzt sein eigenes Awen, unseren ureigenen Lebenszweck und Lebensweg, aber jedes individuelle Awen ist eine Note in der Sinfonie des Daseins. Am Ende bleibt die Feststellung, dass alles und jeder im gesamten Universum der einzigartige Ausdruck des Einen Lebens ist. Wenn Sie dies anerkennen und entsprechend handeln, wird die Welt für Sie zu einem magischeren Ort.

KAPITEL 5

Die zwei Flüsse

DAS EINE LEBEN FLIEẞT DURCH ALLES UND IN vielen Formen durch die Natur, zwei dieser Formen nehmen im Druidentum besondere Stellungen ein. Sonne und Erde sind die mächtigsten Erscheinungen des Einen Lebens auf der Welt und sind daher die wichtigsten Kraftquellen für Rituale und die spirituelle Ausübung des Druidentums. In vielen Bräuchen der Druiden wird der Fluss des Einen Lebens von der Sonne als Solarstrom bezeichnet, der Fluss tief aus der Erde ist der tellurische Strom, abgeleitet von *Tellus*, einem alten Wort für die Erde. Diese zwei Ströme kreisen ständig durch alles auf der Erde. Sind Sie in Balance, erblüht das Leben. Wenn nicht, fehlt dem Leben das Gleichgewicht und der Ärger folgt auf den Fuß.

Der Solarstrom entspringt der Mitte der Sonne und strömt durch das Weltall bis zur Erde. Er ist selbstredend stärker, wenn die Sonne über dem Horizont steht, weshalb einige Rituale der Druiden üblicherweise „im Antlitz der Sonne, dem Auge des Lichts" ausgeführt werden – also draußen und tagsüber, wenn die Sonne das Ritual bescheint. Im Tagesverlauf ist er zur Morgendämmerung und am Mittag am stärksten. Das verändert sich im Jahreslauf und erreicht seinen Höhepunkt am Tag der Sommersonnenwende (auf der nördlichen Halbkugel am 22. Juni), am schwächsten ist er zur Wintersonnenwende (am 21. Dezember auf der nördlichen Halbkugel). Weil er über die Kreisläufe von Tag und Jahr zu- und abnimmt, betrachten ihn viele Druiden als den Fluss der Zeit. Er wird auch Strom des Wissens genannt, weil er sich besonders stark auf den Geist und das Bewusstsein auswirkt.

Der Tellurstrom fließt aus dem Erdkern durch Mantel und Kruste bis zur Erdoberfläche. Weil er besonders ausgeprägt auf die Gesundheit und die Lebenskraft wirkt, heißt er auch Kraftstrom. Wenn der Solarstrom der Strom der Zeit ist, ist der Tellurstrom der Strom der Orte, denn er ist an unterschiedlichen Orten unterschiedlich stark und nimmt Eigenschaften des Gesteins und des Bodens an, durch die er sich bahnt. Alte sakrale Orte befinden sich immer dort, wo der Tellurstrom stark und wohltuend ist. Aber auch, wo keine heiligen Orte entstanden oder ihr Standort vergessen wurde, können starke Tellurströme von denen gefunden werden, die wissen, wonach sie suchen müssen. Natürliche Quellen, die Wasser aus dem Untergrund heraufbefördern, markieren Orte, an denen der Tellurstrom mit dem Wasser zusammen hochkommt, ebenso sollte man nach großen, gesunden Bäumen Ausschau halten.

Bäume erzählen uns noch etwas über die zwei Ströme. Die meisten Bäume sind nah am Boden am stärksten. Je weiter es am Stamm hochgeht, umso zarter werden sie. Gucken Sie sich Ihren eigenen Körper an und Sie werden dasselbe Muster entdecken – nur umgedreht. Ihre Arme und Beine werden schmaler zum Boden hin. Bäume haben ihre Haare am Boden – wir nennen sie „Wurzeln" –, bei uns wachsen sie oben. Wir sind auf dem Kopf stehende Bäume, ein Baum ist ein umgekehrter Mensch.

Die Tradition der Druiden besagt, die Ursache dafür ist die Beziehung der Menschen und Bäume zu den zwei Strömen. Bäume, und Pflanzen im Allgemeinen, sind Kanäle des Tellurstroms, sie ziehen ihn aus dem Boden und schicken ihn durch die Atmosphäre in das Weltall. Menschen, und Tiere im Allgemeinen, sind Kanäle für den Solarstrom, sie ziehen ihn aus dem Himmel und lassen ihn durch Boden und Steine hindurch in die Tiefen der Erde fließen. Menschen und Bäume gleichen einander aus. Daher ist es vielen Druiden heutzutage, da es so viele Menschen und nicht genug Bäume gibt, so wichtig, Bäume zu pflanzen, wann immer sich eine Gelegenheit ergibt. Wissenschaftler können bestätigen, dass Bäume das Kohlendioxid, das wir ausatmen, einatmen, um den Sauerstoff auszuatmen, den wir einatmen. Das stimmt schon, aber Druiden wissen, dass die Partnerschaft zwischen Menschen und Bäumen noch weitergeht als das – bis zum geheimnisvollen Ausbalancieren der zwei Ströme.

MENHIRE UND HEILIGE QUELLEN

Vor vielen Jahrhunderten lernten Menschen an verschiedenen Orten der Welt, wie sie sich den Solar- und den Tellurstrom nutzbar machen konnten, damit Nutzpflanzen und Vieh fruchtbarer wurden. Wie die meisten alten Völker achteten sie genau auf kleinste Veränderungen in ihrer Umgebung. So erkannten sie Dinge, denen die heutigen Wissenschaftler gerade erst auf die Spur kommen. Das geheime Wissen um die zwei Ströme gehört zu dem, was über die Zeit vergessen wurde.

Diese vergessene Kunst ist auch heute noch sichtbar in den Menhiren, die über die Welt verteilt zu finden sind. Ein Menhir, richtig positioniert, wird zum Kanal des Solarstroms, er zieht die Energie aus dem Himmel und lenkt sie in die Erde. Menhire haben ihren Ausgleich in heiligen Quellen und Bäumen, die den Tellurstrom aus den Tiefen nach oben bringen und in den Himmel schicken – so ist der Kreislauf komplett. Diese Balance zwischen Stein und Quelle wurde in ihrer grundlegendsten Form angewandt und hat ihre Spuren in alten Ritualen der Druiden hinterlassen, auch in einem hier aufgeführten.

Über Tausende von Jahren entwickelten die Menschen diese grundlegende Form auf unterschiedliche Weisen. Tempel, Türme, Steinkreise, Erdhügel und andere Strukturen entstanden, um die Kraft der zwei Ströme zu lenken, zu speichern und zu nutzen. In neuer Zeit ging das alte Wissen über die Ströme verloren, aber Forscher sind dabei, einige der Geheimnisse wiederzufinden. Landwirte wissen, dass ihr Vieh, wenn es bei noch existierenden Menhiren steht, mit Macht zu ihnen hingezogen wird, etwas, was die meisten Menschen nicht spüren. Und alte Geschichten erzählen davon, dass etwas mit den Steinen gemacht wurde, was das Land fruchtbarer machte als heute.

VERBINDUNG MIT DEN ZWEI STRÖMEN

Heute ist es eher schwierig für die meisten von uns, einen Menhir aufzustellen oder eine heilige Quelle zu finden. Dennoch macht es die feine Verbindung zwischen Menschen und den Strömen möglich, in Kontakt mit ihnen zu treten. Zu den einfachsten Methoden gehören die folgenden zwei Übungen. Wie bei vielen spirituellen Übungen werden Atmung und Vorstellungskraft eingesetzt, um den Geist mit den subtilen Daseinsbereichen zu verbinden, die uns ständig umgeben. Jede dieser Übungen sollten Sie mindestens einmal ausgeführt haben, wenn Sie sich auf Ihre Initiation vorbereiten. Sie können sie auch öfter durchführen. Tatsächlich beschäftigen sich viele Druiden täglich damit, denn je öfter Sie sie machen, umso lebendiger, stärker und effektiver werden sie.

Für den Kontakt mit dem Solarstrom setzen oder stellen Sie sich aufrecht hin, Füße auseinander, die Wirbelsäule angenehm aufgerichtet. Sind Sie draußen und die Sonne scheint, fühlen Sie sie. Drinnen stellen Sie sich die Sonne über sich vor, wie ihr goldenes Licht auf Sie und alles um Sie herum herabstrahlt. Nehmen Sie sie einen Moment bewusst wahr und atmen dabei langsam und sanft. Stellen Sie sich vor, wie das Sonnenlicht durch den Scheitelpunkt Ihres Kopfes in Ihren Körper eintritt und Ihren Kopf mit goldenem Licht erhellt. Sehen Sie, wie das Licht in Ihren Hals fließt, Ihre Schultern, Ihre Brust, Ihre Arme und durch Ihren ganzen Körper, bis er vollkommen erfüllt ist mit goldenem Licht. Halten Sie diese Vorstellung einen Moment in Ihrem Geist fest und lassen sie dann sanft los. Stellen Sie sich nicht vor, wie das Licht Ihren Körper verlässt – lassen Sie es drin, es lädt Sie für den Tag, der vor Ihnen liegt, auf und segnet Sie.

Möchten Sie mit dem Tellurstrom in Verbindung treten, nehmen Sie dieselbe Position ein, die Füße flach auf dem Boden. Wenn Sie draußen auf Gras, Erde oder Stein stehen, spüren Sie dem Boden nach. Wenn Sie drinnen sind, stellen Sie sich vor, Sie würden auf Gras stehen. Nehmen Sie sich Zeit, um die Erde unter sich zu spüren. Dabei atmen Sie langsam und sanft. Stellen Sie sich ein silbriges Licht vor, wie Wasser aus einer Quelle, das durch Ihre Fußsohlen sprudelt und Ihre Füße mit kühler, silberner Energie erfüllt. Stellen Sie sich vor, wie die Energie durch Ihre Beine, Hüften, Ihr Gesäß, Ihren Bauch zum Scheitelpunkt Ihres Kopfes hochsteigt, bis die Energie Sie komplett ausfüllt. Behalten Sie dieses Bild eine Weile in Ihrem Kopf und lassen es dann sanft gehen. Aber stellen Sie sich nicht vor, wie das Licht Sie verlässt. Wie der Solarstrom bleibt auch der Tellurstrom in Ihnen, beruhigend und segnend.

Den Solarstrom erreicht man am leichtesten über Tag draußen, wenn sich zwischen Ihnen und der Sonne nichts außer dem Himmel und dem Weltraum befindet. Für den Tellurstrom ist es am einfachsten, barfuß direkt auf Gras, Erde oder Stein zu stehen. Beide Praktiken können auch in anderen Umgebungen durchgeführt werden. Mit wachsender Übung werden Sie auch drinnen, wenn Sie vorübergehend von der Natur getrennt sind, beide Methoden durchführen und sich mit den zwei Strömen und der lebendigen Erde verbinden können. Probieren Sie es aus und schauen, wie es Ihr Bewusstsein verändert.

KAPITEL 6

Die drei Strahlen

DAS SYMBOL DER DREI LICHTSTRAHLEN –/|\– ist das Emblem des Druidentums und das Symbol der Tradition des Druid Revival. Das Emblem entspricht in vielerlei Hinsicht dem Yin-Yang-Symbol des Taoismus oder dem Kreuz des Christentums. Viele Siegel und Embleme von druidischen Organisationen tragen die drei Strahlen, man findet sie eingeritzt in Monumenten und Grabsteinen in Wales und andernorts. Eine Legende der Druiden zählt davon, dass die Welt zu Beginn der Zeit durch diese drei Strahlen erschaffen wurde. Der linke Strahl ist der Strahl des Wissens, der rechte der Strahl der Kraft, der mittlere heißt Strahl des Friedens.

Das Symbol der drei Lichtstrahlen vermittelt eine wichtige Lektion: Die beiden äußeren Strahlen, Wissen und Kraft, repräsentieren alle gegensätzlichen Paare der Welt. Der menschliche Geist denkt auf natürliche Weise in Gegensätzen – Licht und Dunkelheit,

Tag und Nacht, Materie und Energie, Leben und Tod und so weiter. Das ist manchmal sehr nützlich, kann aber auch zu Fehlern und Missverständnissen führen. Betrachtet man eine Situation ausschließlich auf diese Art, kann es nämlich leicht geschehen, dass man nicht bemerkt, dass die meisten Dinge gar nicht gegensätzlichen Lagern angehören und dass die beiden Extreme sehr oft mehr miteinander gemeinsam haben als mit den Bedingungen oder Zuständen zwischen sich.

Nehmen wir die Gegensätze Licht und Dunkelheit: Wenn Sie sich umschauen, merken Sie schnell, dass fast alles, was Sie sehen, eine Schattierung zwischen blendend hell und völlig dunkel besitzt. Auch gut beleuchtete Dinge haben Schatten und an Dingen, die sich im Schatten befinden, findet sich immer auch etwas Licht. Licht und Dunkelheit sind zwei Extreme der visuellen Erfahrung und sie haben etwas gemeinsam, das nichts, was zwischen ihnen steht, teilt: Wir können weder in blendender Helligkeit noch in völliger Dunkelheit etwas sehen.

Diese gegensätzliche Paarigkeit wird Dualismus genannt. Damit der Dualismus nicht in die Irre führt, wird er gemäß der Philosophie der Druiden ternär umgewandelt. Das geschieht, indem ein dritter Faktor hinzugenommen wird, die zwischen den beiden Extremen steht: der mittlere Strahl des Friedens zwischen Wissen ohne Macht und Macht ohne Wissen. Zwischen Licht und Dunkelheit beispielsweise ist der dritte Faktor Farbe. Farben sind weder reines Licht noch völlig Dunkelheit – sie liegen irgendwo dazwischen. Auf dieselbe Art wird das dualistische Paar Tag und Nacht ternär, wenn wir die Dämmerung ins Spiel bringen.

Das mag wie eine sinnlose Übung erscheinen, aber sie wird zum wertvollen

Instrument, wenn sie auf die Konflikte in unserem Leben angewandt wird. Wir neigen in Konflikten häufig dazu, sie auf zwei und nur zwei Seiten zu beschränken. Suchen Sie einen Punkt dazwischen und oft ist damit der Gegensatz zwischen den Seiten gebrochen. Das gibt Ihnen die Gelegenheit, eine Lösung für den Konflikt zu finden. Generationen von Druiden haben zudem herausgefunden, dass wenn es eine dritte Möglichkeit gibt, es sich auch leichter eine vierte, fünfte und so weiter bis zu unendlich finden lässt.

Versuchen Sie es selbst: Wenn Sie das nächste Mal einen Zeitungsbericht über einen Konflikt lesen, denken Sie beim Lesen an die beiden Konfliktparteien. Was ist es, was die Seiten möchten? Was befürchten sie? Was wollen sie erreichen? Worin ähneln sie einander? Haben Sie eine klare Ansicht über die Extreme, stellen Sie sich eine dritte Seite vor, die eine andere Haltung als die dualistischen Parteien einnimmt und etwas anderes erreichen oder vermeiden möchte. Sie werden bemerken, wie sich Ihr Verständnis des Konflikts dabei verändert.

DIE DREI LICHTSTRAHLEN

Die drei Strahlen nehmen eine zentrale Position in einer Sage ein, die zuerst unter den Schriften des Barden Iolo Morganwg erschien – eine Geschichte vom Anfang der Welt, voller Symbole und Geheimnisse. Es existieren verschiedene Versionen, eine geht so:

> Am Anfang der Zeit sah Einigan der Riese, das erste aller Lebewesen, drei Lichtstrahlen, die aus dem Himmel herabfielen und die in sich das Wissen über das, was war und jemals sein wird, trugen. Er nahm drei Äste aus dem Holz der Vogelbeere und schnitzte die

Zeichen allen Wissens hinein, damit nichts davon verloren gehen würde. Im Laufe der Zeit verstanden diejenigen, die die Äste ansahen, das Zeichen falsch, und beteten sie als Götter an, statt von dem Wissen zu lernen. Als Einigan das sah, betrübte ihn das sehr, so sehr, dass es ihn zerriss, und nach seinem Tod waren die Vogelbeerenäste verloren.

Als ein Jahr und ein Tag nach Einigans Tod vergangen waren, fand Menw, Sohn des Teirwaedd, zufällig Einigans Schädel und sah, dass die Äste der Vogelbeere Wurzeln geschlagen hatten und durch die Mundöffnung des Schädels wuchsen. Er stellte fest, dass er mit viel Mühe einiges lesen konnte, was auf den Ästen stand. Dadurch wurde Menw der erste der Gwyddons, den Lehrmeistern der Kelten aus uralten Zeiten, noch vor den Druiden. Und es geschah durch die Gwyddons, dass das Wissen der drei Lichtstrahlen an die Druiden weitergegeben wurde, die ihnen nachfolgten.

Diese Legende spielte lange Zeit eine wichtige Rolle in der Ausbildung der Druiden, unter anderem wegen dem, was sie über Legenden aussagt. Wie die drei Vogelbeerenäste sollen Legenden studiert und verstanden werden, nicht angebetet. Wichtig ist nicht, ob sie so geschehen ist, sondern was sie bedeutet. Tatsächlich gab es weder Einigan, Menw oder die drei Vogelbeerenäste, aber wofür sie stehen, umgibt uns in jedem Moment.

Lassen Sie uns einige Bedeutungen ansehen. Einigan ist die Seele, der innerste Funken jedes Menschen, der einzige Teil von uns, der spirituelle Realitäten direkt erleben kann. Die drei Lichtstrahlen sind diese spirituellen Realitäten, die drei Äste der Vogelbeere stehen für alle Versuche

der Heiligen, Weisen und Visionäre durch alle Zeiten hindurch, ihre Erfahrungen zu vermitteln, und zwar an Menschen, die noch keinen persönlichen Kontakt mit spirituellen Realitäten hatten. Zu häufig verwechseln Menschen diese Formen und Symbole mit den lebendigen spirituellen Erfahrungen, die sie kommunizieren sollen. Und wenn das geschieht, kann das Potenzial für das Erwachen der Weisheit leicht verloren gehen.

Menw, der Geist, ist die Kraft in jedem von uns, die verlorenen Geheimnisse zu finden. Der Geist ist nicht die Seele und ist nicht in der Lage, selbst spirituelle Realitäten zu erfahren, aber er kann die Formen und Symbole erkennen, die spirituelle Realitäten widerspiegeln. Das ist in etwa vergleichbar mit jemandem, der sich draußen gut auskennt und Spuren im Boden oder im Schnee lesen kann, der weiß, dass am Abend zuvor ein Hirsch durch den Wald gelaufen ist. So kann unser Geist die Spuren spiritueller Realitäten finden und ihnen folgen und uns zu dem Punkt bringen, an dem die Seele die Realitäten direkt wahrnehmen kann. Die Übungen, die Sie im nächsten Abschnitt finden, sollen Ihnen helfen, Ihren Geist in diese Richtung zu trainieren.

KAPITEL 7

Die vier Elemente

DEN MENSCHEN, DIE VOR LANGER ZEIT lebten, stand nicht wie uns die moderne Wissenschaft zur Verfügung, aber sie besaßen feine Sinne und achteten sehr genau darauf, was um sie herum geschah. Wie die Menschen durchweg in allen Zeitaltern stellten auch sie Kategorien zur Einteilung ihrer Welt auf. Vier der wichtigsten Kategorien drehten sich um gewöhnliches „Zeug", das überall zu finden war und das sie die vier Elemente nannten: Erde, Wasser, Luft und Feuer. Die Elemente sind allerdings nicht dasselbe wie die materiellen Stoffe, von denen ihr Name hergeleitet wird.

Heute verwenden wir das Wort „Element" für die Substanzen von Materie, aber dieselben vier Kategorien werden auch noch unter anderen Namen benutzt. Was unsere Vorfahren das Element Erde nannten, sind für unsere heutigen Wissenschaftler Feststoffe. Was die Alten als Element Wasser bezeichneten, wird heute Flüssigkeiten genannt, und die 70 Dinge, die die Menschen früher der Kategorie Luft zuordneten, sind heute Gase. Das Element Feuer? Heißt heute Energie. Wie sie auch genannt werden: Feststoffe, Flüssigkeit, Gase und Energie oder Erde, Wasser, Feuer und Luft – die vier Kategorien erleichtern es, sich auf der Welt zurechtzufinden.

Die alte Lehre über die vier Elemente nimmt einen bedeutenden Platz im Druidentum und in vielen anderen spirituellen Traditionen ein, denn die vier Elemente sind nicht nur Kategorien von Materie und Energie – sie sind auch Symbole. Auch heute noch sprechen wir von einem unterirdischen Witz oder einem feurigen Temperament, und wir alle sind schon mal einem „Luftikus" begegnet. Jemand, der falsch liegt, macht einen „Schlag ins Wasser". Wir bauen die vier Elemente gedanklich in unser Leben ein. Wer gelernt hat, sie als Werkzeug zu benutzen, dem helfen sie dabei, die Welt um uns herum zu verstehen – und uns selbst.

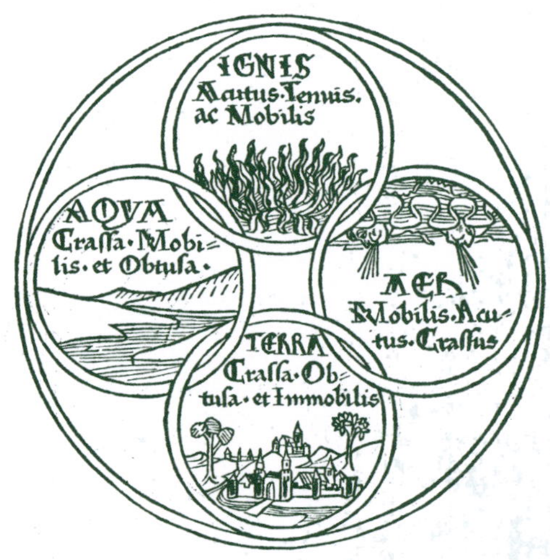

Denken Sie zum Beispiel daran, wie Sie die Welt und sich selbst erleben. Über Ihre Sinne erhalten Sie Informationen. Sie haben Gefühle. Sie haben Gedanken. Und Sie haben die subtilen Sinne, von den meisten als Intuition wahrgenommen: Plötzlich überkommt uns wortlos Wissen oder ein „Bauchgefühl“ – es stammt aus dem Reich des Geists. Diese vier Funktionen des Bewusstseins entsprechen den vier Elementen – Empfindungen gehören zu Erde, Gefühle zu Wasser, Gedanken zu Luft und Intuition zu Geist. Der berühmte Psychologe Carl Jung stellte fest, dass fast jeder aus diesen Arten, etwas über die Welt zu wissen, eine „dominante Funktion“ hat, als Quelle für Informationen, auf die man sich gewöhnlich verlässt. Welches ist Ihre dominante Funktion?

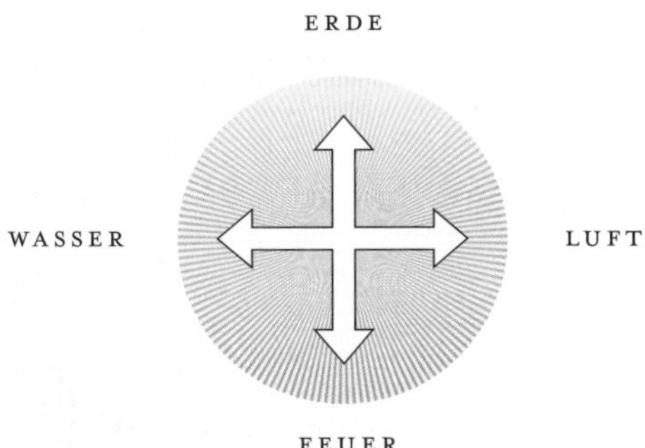

Die traditionelle Lehre ordnet die vier Elemente wie in der Abbildung an: Feuer gegenüber Erde, Luft gegenüber Wasser. Was uns das Diagramm unter anderem zeigt, sind unsere eigenen Schwachpunkte.

Jung und andere Psychologen haben herausgefunden, dass das Gegenüber unserer dominanten Funktion meist unsere schwächste Funktion ist. So haben Menschen, die sich auf ihre Denkfähigkeit verlassen, häufig Schwierigkeiten mit ihren Gefühlen, und Menschen, die sehr emotional sind, tun sich oft schwer, klare Gedanken zu fassen. Dasselbe gilt für Menschen, die sachlich auf ihre fünf Sinne hören und ihre Intuition häufig ignorieren, während betont intuitive Menschen gewöhnlich nicht genug auf ihre Sinne hören. Wenn Sie herausgefunden haben, welches Ihre dominante Funktion ist, kümmern Sie sich um die gegenüberliegende Funktion. Sie werden feststellen, dass Sie dadurch auf Dinge aufmerksam werden, die Ihnen sonst durchgegangen wären, und manchen Ärger vermeiden, der Ihnen gewiss gewesen wäre.

Die Elemente sind in der Tradition der Druiden mit den vier Himmelsrichtungen verbunden. Der Osten ist Luft zugeordnet, der Süden Feuer, der Westen Wasser und der Norden Erde. Diese symbolischen Verbindungen sollten nicht zu wörtlich genommen werden, da natürlich in allen Himmelsrichtungen Feststoffe, Flüssigkeiten, Gase und Energie zu finden sind. Außerdem kann das Meer, je nachdem, wo Sie leben, nördlich, östlich oder südlich statt westlich von Ihnen liegen. Die Zuordnung der Elemente zu den Richtungen ist eher praktisch gedacht für Rituale. Sie werden später erkennen, dass es hilfreich ist, jedem Element seine eigene Verortung im rituellen Raum zu geben.

Die nachfolgenden Übungen sollen Ihnen helfen, die vier Elemente zu verstehen und ein Gefühl für sie zu entwickeln. Sie sollten während Ihrer Vorbereitung auf die Initiation als Druide jede mindestens einmal ausgeführt haben, Sie dürfen natürlich auch öfter – wöchentlich eine, wobei Sie die Abfolge immer wiederholen –, das wäre nicht zu viel. Halten Sie sich an die Reihenfolge, die Sie auf den Seiten 73–74 finden: Erde, Wasser, Luft und zum Schluss Feuer.

VERBINDUNG ZUM ELEMENT ERDE

Suchen Sie sich einen Ort, an dem Sie unmittelbar auf dem Boden sitzen können. Das muss nicht unbedingt nackte Erde sein, es darf beispielsweise Gras dort wachsen. Die Übung funktioniert auch auf einem natürlichen Stein oder Felsen, es sollte sich nur nichts Künstliches zwischen Ihnen und dem Untergrund befinden. Setzen Sie sich und halten Ihre Hände so, dass Ihre Fingerspitzen den Boden berühren. Entspannen Sie sich und achten Sie auf Ihre Umgebung. Atmen Sie dreimal tief und langsam ein als Auftakt zur Übung.

Stellen Sie sich vor, dass Sie langsam auf den Boden sinken. Spüren Sie die Erde um sich herum. Wenn dort, wo Sie sitzen, Pflanzen wachsen, nehmen Sie wahr, wie ihre Wurzeln in den Boden eindringen. Stellen Sie sich vor, dass Sie immer weiter sinken, bis Sie auf Stein stoßen. Spüren Sie die Erde um sich herum, Hitze steigt aus der flüssigen Erdmantelregion weit unter Ihnen auf, fühlen Sie den Stein um sich herum, die Erdschichten über sich bis nach oben zur Oberfläche, auf der Ihr Körper sitzt. Gestalten Sie dieses Erleben so lebendig wie Sie nur können. Nach einigen Minuten stellen Sie sich vor, wie Sie langsam zur Oberfläche zurückkehren.

Sind Sie wieder zurück in Ihrem Körper, atmen Sie tief ein und stellen sich dabei vor, dass die sanften Einflüsse der Erde aufsteigen und Ihren

Körper erfüllen. Spüren Sie, wie Sie stark und stabil wie das Element Erde werden. Beim Ausatmen lassen Sie die Einflüsse der Erde wieder aus sich austreten, aber die Stärke und Stabilität bleiben. Wiederholen Sie diesen Schritt siebenmal und nehmen jedes Mal die Stärke und Stabilität der Erde in sich auf. Atmen Sie dann normal weiter. Wenn Sie so weit sind, stehen Sie auf und gehen Ihrem Tag weiter nach.

VERBINDUNG ZUM ELEMENT WASSER

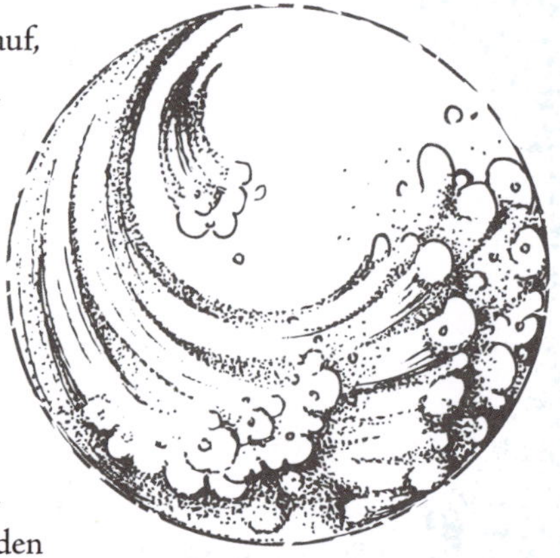

Für diese Übung suchen Sie einen Ort auf, an dem Sie neben einem Bach, einem Fluss, einem See oder dem Meer sitzen können. (Wenn Sie weit entfernt von allen diesen Gewässern leben, ist es Zeit für eine Reise.) Je näher Sie am Wasser sitzen, umso besser, Sie brauchen es dabei aber nicht zu berühren: Eine Parkbank am Fluss, trockener Sand oder Treibholz am Meeresstrand reichen völlig aus. Wenden Sie sich in Richtung des Wassers. Entspannen Sie sich und achten auf Ihre Umgebung. Atmen Sie dreimal tief und langsam ein, um mit der Übung zu beginnen.

Stellen Sie sich vor, wie Ihr Bewusstsein ins Wasser gleitet. Spüren Sie, wie Wasser um Sie fließt und Sie umspült. Erahnen Sie die Erde unter dem Wasser und die Luft über dem Wasser, lassen Sie sich mit der Strömung und den Wellen treiben, die zwischen diesen beiden Bereichen tanzen. Machen Sie sich bewusst, dass jeder Tropfen Wasser in Ihrer Nähe verschiedene Male in der Vergangenheit durch Verdunstung aufgestiegen und als Regen oder Schnee weit entfernt herabgefallen ist. Machen Sie sich bewusst, dass jeder Tropfen Wasser um Sie herum zu anderen Zeiten tief in die Erde gezogen und zu Grundwasser wurde, um später über eine Quelle oder einen Brunnen an die Oberfläche zu gelangen. Lassen Sie diese Vorstellung so lebendig wie möglich sein. Stellen Sie sich nach einigen Minuten vor, dass Ihr Körper das Wasser verlässt.

Wenn Sie in Ihren Körper zurückgekehrt sind, atmen Sie einmal tief ein und stellen sich dabei vor, wie die sanften Einflüsse des Wassers zu Ihnen fließen und Ihren Körper erfüllen. Fühlen Sie die Stärke und die fließende Anmut des Elements Wasser. Beim Ausatmen lassen Sie das Wasser aus sich hinausfließen, seine Stärke und Anmut bleiben in Ihnen. Wiederholen Sie das, bis Sie insgesamt siebenmal geatmet haben und füllen sich jedes Mal mit der Stärke und Anmut des Wassers. Nehmen Sie Ihre normale Atmung wieder auf. Wenn Sie bereit sind, stehen Sie auf und gehen Ihrem Tag weiter nach.

VERBINDUNG ZUM ELEMENT LUFT

Gehen Sie dorthin, wo Sie unter freiem Himmel sitzen können. Am besten an einen hochgelegenen Ort, einem Hügel oder Bergrücken, einem Balkon oder Hausdach. Setzen Sie sich und richten die Aufmerksamkeit auf die Luft um Sie herum. Entspannen Sie sich und achten auf Ihre Umgebung. Holen Sie dreimal tief und langsam Luft als Auftakt zu der Übung.

Dann stellen Sie sich vor, dass Sie in die Luft emporsteigen, freischwebend wie ein Ballon. Spüren Sie, wie die Luft um Sie herum weht und

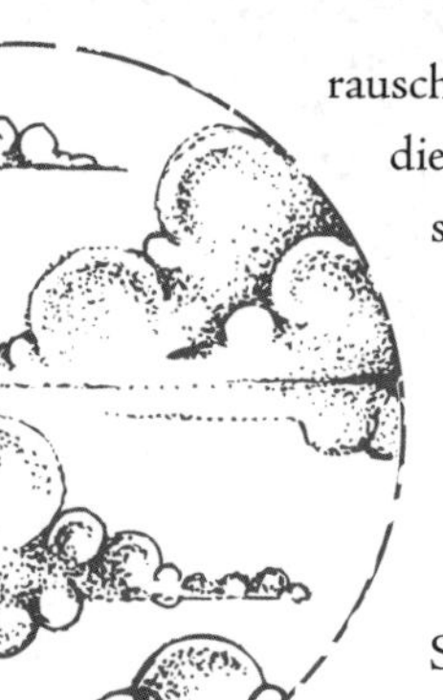

rauscht. Erahnen Sie den Boden unter sich und die Sonne hoch über Ihnen. Wenn Sie Wolken sehen, beobachten Sie, wie sie mit dem Wind an Ihnen vorbeiziehen. Spüren Sie, wie die Luft dünn wird und kalt, wenn sie in der Atmosphäre immer höher steigt, und wärmer und dichter in Richtung Boden. Gestalten Sie die Vorstellung so lebendig Sie können. Lassen Sie sich nach ein paar Minuten wieder langsam zum Boden sinken. Wenn Sie in Ihren Körper zurückgekehrt sind, atmen Sie tief ein und stellen sich dabei vor, wie die sanften Einflüsse der Luft auf sie zuströmen und Ihren Körper erfüllen. Fühlen Sie, wie Sie die Kraft und Lebendigkeit des Elements Luft in sich aufnehmen. Beim Ausatmen lassen Sie die Luft-Einflüsse hinaus und behalten die Lebendigkeit im Körper. Wiederholen Sie dies, bis Sie insgesamt siebenmal geatmet und dabei jedes Mal die Kraft und Lebendigkeit aufgenommen haben und atmen dann normal weiter. Wenn Sie nach einer Weile bereit sind, stehen Sie auf und gehen Ihrem Tag weiter nach.

VERBINDUNG ZUM ELEMENT FEUER

Für die Verbindung zum Feuer gibt es zwei Möglichkeiten. Entweder suchen Sie einen Ort auf, an dem ein sicheres Feuer brennen kann – eine Kerze reicht aus, ein Kamin oder ein Lagerfeuer führen allerdings meist zu einer lebendigeren und kraftvolleren Erfahrung. Oder Sie gehen dorthin, wo Sie die Sonne sehen, das Herz des Elements Feuer auf der Welt der Natur. Entzünden Sie die Kerze oder das Feuer oder wenden Sie sich der Sonne zu und blicken Sie in die Flammen. Entspannen Sie sich und nehmen Ihre Umgebung wahr. Atmen Sie dreimal tief und langsam ein, um die Übung zu beginnen.

Lassen Sie dann Ihr Bewusstsein in das Herz der Flamme gleiten. Fühlen Sie die Hitze und das Licht, die durch Sie nach außen strömen. Erspüren Sie, was die Flamme umgibt, ob kühle Luft um die Kerzenflamme ist oder die unglaubliche Kälte und Stille des Weltraums um die mächtige Flamme der Sonne herum. Stellen Sie sich alles so lebhaft wie möglich vor. Lassen Sie nach einigen Minuten Ihr Bewusstsein in Ihren Körper zurückkehren.

Wenn Sie in Ihren Körper zurückgekehrt sind, atmen Sie tief ein und stellen sich dabei vor, wie die sanften Einflüsse des Feuers auf Sie scheinen und Ihren Körper erfüllt. Spüren Sie, wie Sie die Kraft und den Glanz des Elements Feuer aufnehmen. Lassen Sie beim Ausatmen die Einflüsse des Feuers hinaus, behalten aber die Kraft und den Glanz in sich. Wiederholen Sie dies, bis Sie siebenmal ausgeatmet haben, wobei Sie jedes Mal die Kraft und den Glanz des Feuers aufnehmen. Atmen Sie dann normal weiter. Wenn Sie dazu bereit sind, stehen Sie auf und gehen Ihrem Tag weiter nach.

TEIL DREI

Die Praxis der Druiden

WIE WIR GESEHEN HABEN, BEDEUTET DRUIDE zu sein, nicht, diesen oder jenen Glauben zu akzeptieren oder zu der einen oder anderen Organisation zu gehören. Allgemeiner ausgedrückt ist das Druidentum nicht etwas, was man ist, sondern was man tut.

Das Druidentum ist keine Ideologie. Vielmehr kann es als Handwerk verstanden werden, wie Korbmacherei oder Försterei. Man wird kein Korbflechter oder Förster, weil man an bestimmte Ansichten glaubt. Nein, um Korbflechter zu werden, muss man das Körbe flechten lernen und üben. Um Förster zu werden, muss man lernen und üben, was ein Förster macht. Und so erfolgt auch die Ausbildung zum Druiden: durch das Erlernen und Üben des Handwerks Druidentum. Das bedeutet unter anderem, dass man versteht, dass Druide zu sein keine Sache von ganz oder gar nicht ist. Der erste Schritt zum Druiden ist das Erlernen der ersten Elemente des Druidenhandwerks und die Entwicklung dauert an, solange man nicht selbst aufhört, zu lernen und zu üben. Wer damit aufhört, hört auf, ein Druide zu sein. Wer seine Studien und die Ausübung nicht wieder aufnimmt, läuft Gefahr, zu verlernen, was er als Druide gelernt hat.

Bei dem Ansatz, dem dieses Buch nachgeht, besteht das Handwerk aus vier grundlegenden Ausübungen des Druidenhandwerks. Beobachtung bedeutet, die Natur aufmerksam wahrzunehmen. Mediation umfasst ruhiges, fokussiertes, zielgerichtetes Nachdenken über Symbole, Lehren und Traditionen der Druiden. Wahrsagen schließt die Verwendung traditioneller Symbole ein zum Wecken der Intuition und einen Blick auf gegenwärtige und zukünftige Muster zu erhalten, die in dem Einen Leben Gestalt annehmen. Ritual schließlich beinhaltet symbolische Handlungen, die den Geist fokussieren und ausrichten, damit das Verhältnis zu sich selbst, der Natur und dem Einen Leben, das durch beides fließt, transformiert werden kann.

Die ersten drei Praktiken sind empfangend. Auf sehr reale Weise stellen sie eine Form des Zuhörens dar – der Natur, der Tradition und der Intuition. Die vierte Praktik ist aktiv und kann als eine Art Sprechen betrachtet werden. Die meisten Menschen reden zu viel und hören zu wenig zu und so sind diese Übungen eine gute Erinnerung, dass es weise ist, dreimal mehr zuzuhören, als selbst zu reden!

Ein letzter Punkt, den wir nicht vergessen dürfen, bevor wir zur Ausübung weitergehen, ist, dass Druiden ihr Handwerk unterschiedlich ausüben. Wenn Sie andere Bücher über das Druidentum lesen, andere Druiden treffen oder sich mit druidischen Organisationen austauschen, werden Sie auf viele Druiden treffen, die ihre ganz eigenen Methoden der Meditation, des Wahrsagens und der Ritualausübung haben, die von denen in diesem Buch abweichen. (Naturbeobachtung lässt sich nicht so sehr variieren, denn im Grunde gibt es nur die Technik, stillzusitzen und Augen und Ohren weit offen zu halten.) Und so stellen die Techniken in diesem Buch nur eine Anleitung von vielen dar. Wenn Sie andere Arten der Ausübung kennenlernen, steht es Ihnen immer frei, andere Wege zu gehen und neue Möglichkeiten auszuprobieren und sie vielleicht in Ihren Pfad der Druiden zu integrieren.

ZUSAMMENARBEIT MIT ANDEREN DRUIDEN

Der Pfad des Druiden kann einsam sein, muss er aber nicht. Viele Druiden arbeiten zumindest ab und an mit anderen zusammen. Dieses Buch ist für Alleinausübende ausgelegt, kann aber auch von einer Gruppe von Freunden benutzt werden, die den Weg gemeinsam gehen möchten. Der wichtigste

Punkt an der Zusammenarbeit mit anderen ist allerdings, dass Sie nicht vergessen dürfen, dass sie kein Ersatz für Ihren eigenen Pfad ist.

Wenn Sie als Gruppe arbeiten, können Sie beispielsweise gemeinsam auf Beobachtungstour gehen: dorthin, wo es viele Bäume und andere Lebewesen gibt, still miteinander sitzen und mit stummen Gesten einander auf etwas aufmerksam machen, was ins Sichtfeld rückt.

Auch Gruppenmeditation ist einen Versuch wert: die Teilnehmer suchen gemeinsam ein Thema aus, meditieren zusammen still darüber und – wenn alle so weit sind – diskutieren hinterher, was sie darüber gelernt haben. So erfahren alle in der Gruppe mehr, als wenn sie allein meditiert hätten. Wahrsagung und deren Deutung für andere Menschen entwickeln die eigenen Fähigkeiten als Wahrsager. Es kann auch nützlich sein, wenn beim Wahrsagen für eine Person alle Gruppenmitglieder über die Bedeutung diskutieren und ihre Beziehung zu der Situation, die der Anlass war.

Auch können Gruppenrituale kraftvoll sein, und eine Gruppe von Menschen, die es verstehen, miteinander zu arbeiten, können aus jedem Ritual eine schöne und bewegende Erfahrung machen.

Nichts davon soll Ihren eigenen Pfad des Druiden ersetzen. Nur, wenn Sie allein arbeiten, werden Sie Ihre Fähigkeiten in der Beobachtung, beim Meditieren, beim Wahrsagen und der Ausführung von Ritualen so weit entwickeln, dass sie bei einer gemeinschaftlichen Arbeit gut funktionieren. Unbedingt müssen Sie darauf achten, dass die Vorbereitungen für Ihre Initiation und das Initiationsritual selbst absolut privat bleiben. Diese müssen Sie ausführen und für sich.

Aber was, wenn Sie niemanden finden können, der den Pfad des Druiden mit Ihnen geht oder Sie kommen mit den Menschen in Ihrer

Region, die das Druidentum ausüben, nicht zurecht oder Sie möchten ganz einfach nicht mit einer Gruppe zusammenarbeiten und lieber allein bleiben? Das ist genauso gut. Das Herz des Druidentums ist die Beziehung zur Natur und den spirituellen Kräften, die ihren Ausdruck in der Natur finden. Die Zusammenarbeit mit anderen Menschen steht dabei an zweiter Stelle und wenn sie für Sie nicht funktioniert, bleibt der Pfad des Druiden dennoch für Sie offen.

KAPITEL 8

Beobachtung

DAS DRUIDENTUM IST EINE NATURspiritualität, also ein spiritueller Pfad, der sich auf die Beziehung zur Natur fokussiert. Dazu gehört unter anderem, dass die Beobachtung der Natur eine der wichtigsten Betätigungen für Druiden ist. Aufmerksam zu beobachten, wie die Muster der Natur sich entfalten, von diesen Mustern zu lernen und die Lehren daraus auf unser Leben und unser Verständnis der Welt anzuwenden, werden wesentliche Schritte auf Ihrer Reise zur Weisheit eines Druiden sein.

Viel zu viele Menschen halten die Natur für etwas, das irgendwo weit weg existiert – in exotischer Umgebung, ungestört durch menschliche Aktivitäten. Diese irrtümliche Annahme ist eine der versteckten Quellen der Umweltprobleme, die es heute gibt, denn Menschen, die so denken, verlieren häufig den Bezug zur Bedeutung der natürlichen Muster und Prozesse um uns herum, von denen ihr eigenes Leben jedoch abhängt. Wenn Sie dazu im Gegensatz erst einmal die Achtsamkeit für die Natur entwickelt haben, ist es leichter festzustellen, welche Aspekte Ihres Lebensstils zu den Umweltproblemen beiträgt – und die einfachen und sanften Schritte zu unternehmen, um Teil der Lösung zu werden.

Natur ist überall. Wenn Sie in den Himmel schauen, wo die Wolken vorbeiziehen oder Regen und Schnee fallen, dann erleben Sie die Natur bei der Arbeit. Wenn Sie das Wildkraut bemerken, das in den Betonrissen wächst

und erkennen, welche Pflanzen Bienen und Schmetterlinge anziehen, Ihnen das Rascheln im Gebüsch verrät, dass dort ein Lebewesen unterwegs ist, dann ist das ein wichtiger Schritt auf dem Pfad des Druiden. Es kann eine magische Erfahrung sein, zu einem weit entfernten Ort großer Naturschönheit zu reisen, aber Sie können genau dort, wo Sie wohnen, ebenso großartige Erfahrungen machen, wenn Sie mit offenen Augen und Sinnen auf die Natur achten.

Sie können als ersten Schritt auf Ihrer Reise einen Ort aufsuchen, an dem Sie zwischen Pflanzen sitzen und den Himmel sehen. Das kann eine Ecke Ihres Gartens sein, ein Park in der Nähe oder auch der Balkon einer Wohnung und sogar ein offenes Fenster mit einem Pflanzkasten voller Kräuter davor und einer guten Sicht auf den Himmel in einer Richtung. Es darf auch gerne etwas größer sein, aber was zählt, ist die Übung und nicht der Wunsch nach der perfekten Umgebung. Der Naturschriftsteller Ernest Thompson Seton wiederholte oft eine Maxime, die heutige Druiden oft beherzigen: „Da, wo du bist, mit dem, was du hast, gerade jetzt."

Und wenn Sie diesen Ort gefunden haben? Dann setzen Sie sich still hin und beobachten. Heutzutage nimmt sich kaum jemand die Zeit, darauf zu achten, was in der Natur geschieht. Als Druide wissen Sie es besser. Beobachten Sie ruhig und aufmerksam den Himmel, die Pflanzen und alles Natürliche, das Sie sehen. Hören Sie auf Geräusche und nehmen Sie die Gerüche wahr, die Sie mit jedem Atemzug aufnehmen. Öffnen Sie Ihre Sinne. Je öfter Sie das praktizieren, umso leichter wird es Ihnen fallen, und weil Ihre beobachtenden Sinne und Ihr Geist immer klarer werden, wird Ihnen immer mehr auffallen.

Ach, übrigens – in der Zeit sollten Sie nicht lesen, Musik hören, Ihren Freunden Textnachrichten schicken oder Videospiele spielen oder irgendetwas anderes machen, als die Natur zu beobachten. Es ist auch nicht die Zeit zu denken. Wenn Sie merken, dass Ihr Geist anfängt, mit Ihnen zu schwatzen oder Sie in Ihren Gefühlen bezüglich irgendetwas anderem gefangen sind, schieben Sie Gedanken und Gefühle zur Seite und kehren zum Beobachten zurück. Worum es auch gehen mag, darum können Sie sich später kümmern, wenn Ihre Übung abgeschlossen ist.

Verbringen Sie mindestens einmal wöchentlich Ihre Zeit auf die Art. Beginnen Sie mit fünf Minuten ruhiger, stummer Beobachtung der Natur und verlängern jedes Mal um fünf Minuten. Ist Ihre wöchentliche Übung zur Routine geworden, versuchen Sie, eine weitere Sitzung in Ihren Alltag einzubauen. Einigen Druiden ist es wichtig, morgens als erstes fünf oder zehn Minuten lang Naturbeobachtung zu betreiben, bevor sie mit dem Tag beginnen, vielleicht ist das auch etwas für Sie.

NATURSTUDIEN

Reichern Sie Ihre Beobachtungen an, indem Sie sich über die Natur in Ihrer Region informieren. Es ist eine Sache, einen unbekannten, weißen Vogel zu entdecken, der auf einem Baum in Ihrer Nähe hockt, und eine ganz andere, soviel über einheimische Vögel zu wissen, um sagen zu können, dass es sich dabei um eine Schneeeule handelt, die den weiten Weg aus ihren arktischen Lebensräumen gemeistert hat, um Ihrer Nachbarschaft einen Besuch abzustatten! Genauso verhält es sich mit Bäumen: Wenn Sie deren Namen und Lebenszyklen kennen, sind sie keine grünen Kleckse mehr, sondern Individuen, jung oder alt, gesund oder krank, die ihr Leben in Ihrer Gesellschaft verbringen.

In den meisten Teilen der Erde ist es nicht schwierig, Bestimmungsbücher für Vögel, Bäume und Pflanzen in Ihrer Umgebung zu bekommen. Es könnte schwerer sein, etwas zu finden, das Ihnen die Tiere um Sie herum erklärt, aber es lohnt sich. Das gilt auch für Großstadtbewohner. Der Fährtenleser und Naturlehrer Tom Brown Jr. beschreibt in seinem Klassiker *Tom Brown's Field Guide to the Forgotten Wilderness* (1987), wie er ein Wiesel beobachtet, das auf einem Parkplatz auf der Lower East Side von Manhattan, einer der am dichtesten besiedelten Orte Nordamerikas, Mäuse jagt. Viele Menschen, die gelernt haben, die Natur aufmerksam zu beobachten, berichten von ähnlichen Erfahrungen.

Im Stadtgebiet von Rhode Island, wo ich lebe, habe ich Kaninchen, Stinktiere, Waschbären und Füchse beobachtet, die in den meisten urbanen Gegenden lebenden grauen Eichhörnchen und Feldmäuse brauche ich gar nicht erst zu erwähnen. In der Luft habe ich außer den üblichen Vögeln wie Spatzen und Rotkehlchen Hühnerhabichte, Falken, Merline, Weihen und ab und an Seeadler beobachtet. Einmal erspähte ich einen wundervollen, eisengrauen Gerfalken, der ganz aus Grönland gekommen sein musste, wo sie normalerweise leben. Graureiher kommen hier vor, die den Himmel mit langsamen, geduldigen Flügelschlägen durchstreifen. Ich konnte zwei verschiedenen Arten von Fledermäusen zusehen, wie sie durch die Nacht schossen, um leckere Mücken und Motten zu fangen. Ob Sie in einer Stadt, einem Vorort, einer kleinen Stadt oder auf dem Land leben, überall gibt es wildes Leben um Sie herum. Wenn Sie

sich damit auskennen, werden Sie sich dadurch leichter auf die Kreisläufe der Natur einstellen können.

Wenn Sie dabei sind, sich zu informieren, könnten Sie auch noch etwas über das Land erfahren, auf dem Sie leben. Es gibt fast überall Bücher über die regionale Geologie, die auch für Menschen verständlich sind, die das Fach nicht studiert haben. Für Ihre Druidenstudien ist das Wissen förderlich. Ich finde, es fügt dem Ganzen eine gewisse Perspektive und Magie hinzu, wenn man weiß, dass während der letzten Eiszeit vor 15.000 Jahren eine 800 Meter dicke Eisschicht die Stelle, an der man heute wohnt, bedeckte. Oder dass die Steine unter den Füßen vor fünfhundert Millionen Jahren einen kleinen Kontinent bildeten, den Geologen Avalonia nennen, der zerbrach, als die Dinosaurier über die Erde wanderten und dessen Teile heute in Neuengland, den kanadischen Seeprovinzen, Südirland, Wales und England zu finden sind.

Die alten Druiden achteten sehr auf die Kreisläufe der Natur. Sie beobachteten Wolken und Winde, folgten Flussläufen, studierten Pflanzen und Steine, kannten Vögel und Tiere der Gegend. Ihre Einstimmung auf die Natur brachte Ihnen den Ruf ein, sehr weise zu sein. Beginnend beim Druid Revival bis zum heutigen Tag halten es Druiden noch immer genauso und begleiten die Natur auf dieselbe Weise. Beobachtung und Naturstudien werden Ihnen auf Ihrem eigenen Pfad des Druiden dabei helfen, in ihre Fußstapfen zu treten.

HILFSMITTEL FÜR DIE BEOBACHTUNG

Die Hauptzutaten für das Beobachten sind Ihr Körper und Ihr Geist und ein Ort, an dem Sie sitzen und beobachten können. Ein paar Bücher, aus denen Sie etwas über die einheimischen Vögel, Tiere, Bäume und Pflanzen lernen können, sind ebenfalls nützlich. Und wenn Sie sich speziell für Vögel interessieren, hilft Ihnen ein Fernglas, um zu bestimmen, wer genau da aus der Ferne heranflattert, um es sich in der Eiche auf der anderen Straßenseite gemütlich zu machen. Allgemein gilt, dass alles, was Sie von einer direkten, persönlichen Erfahrung der Natur ablenkt, eher Hindernis als Hilfe ist, darum lassen Sie Teleobjekte, Handbücher und so weiter zu Hause, wenn Sie für ein paar Minuten zur Beobachtung in die Natur gehen.

Es gibt allerdings zwei Dinge, die Ihnen sehr wohl dabei nützen können: ein Stift und ein kleines Notizbuch. Sie werden oftmals einen Vogel, ein Tier oder etwas anderes entdecken, das Ihnen unbekannt ist. Dann nehmen Sie sich die Zeit für eine kurze Beschreibung oder kleine Zeichnung, damit Sie im Anschluss an die Beobachtungszeit zu Hause in einem Bestimmungsbuch nachschauen können, worum es sich handelt. Einige Druiden führen richtiggehende Naturtagebücher, in denen sie an jeden Tag festhalten, was in der Natur um sie herum vorgeht. Wenn das für Sie interessant klingt, probieren Sie es aus.

Vielleicht können Sie an Ihrem Wohnort an Kursen oder Vorträgen über einheimische Vogelarten, Wildtiere und Ähnlichem teilnehmen oder Naturschutzorganisationen aufsuchen. Dort können Sie Informationen über die Umwelt bekommen oder erhalten die Gelegenheit, mit gut informierten Lotsen auf Exkursionen zu gehen. Liegt der Fokus dort jedoch sehr auf menschlicher Aktivität anstatt der Welt der Natur, können diese Unternehmungen eher hinderlich wirken. Schauen Sie sich die Möglichkeiten an, aber denken Sie daran, dass es keinen Ersatz dafür gibt, still in der Natur zu sitzen, mit offenen Sinnen und geschlossenem Mund, und aufmerksam die Natur zu betrachten.

KAPITEL 9

Meditation

DIESELBE RUHIGE, FOKUSSIERTE AUFMERKsamkeit, die für die Beobachtung notwendig ist, ist auch ein wichtiges Element in der zweiten Hauptübung des modernen Druidentums, der Meditation. Die Art der Meditation, die die meisten Druiden ausüben, unterscheidet sich von den asiatischen Formen, die sich in den letzten Jahren im Westen so großer Beliebtheit erfreuen. So, wie die Beobachtung uns lehrt, unsere Sinne zu benutzen, lehrt die druidische Meditation uns, unseren Verstand einzusetzen. Unser Ziel in dieser Phase unserer Arbeit ist es nicht, unsere Gedanken zu unterdrücken, sondern sie vielmehr zu lenken, auf sie zu achten und sie als Werkzeug zu verwenden, um uns Symbole und Geschichten der alten Kelten und des Druid Revival zu erschließen.

Zu viele Menschen halten Meditation heute für etwas Geheimnisvolles und Exotisches und wissen gar nicht, dass die westliche Welt ihre eigenen Meditationstechniken besitzt.

Vor 150 Jahren, als das Druid Revival volle Fahrt aufgenommen hatte, kannten sich die Menschen damit besser aus. Viele Kirchen lehrten sie in ihren Versammlungen und es gab viele Bücher, die das Meditieren erklärten. Zum Glück wird die westliche Meditation in unseren Zeiten wieder bekannter und Druiden gehören zu denen, die das möglich machen.

Es gibt bei dieser Art der Meditation nichts besonders Seltsames oder Exotisches. Es geht einfach darum, was geschieht, wenn Sie Ihren Geist auf eine Sache fokussieren und ihn dort lassen, anstatt ihn wie üblich von einem Thema zum anderen hüpfen zu lassen. Das Wort „Meditation" stammt von dem lateinischen Wort für „denken" ab. Denken Sie kurz an das Wort „vorbedacht", das im Strafrecht vorkommt. Wenn man sagt, ein Verbrechen war vorbedacht, ist damit nicht gemeint, dass die verantwortliche Person in der Lotusposition gechantet hat, bevor sie die Tat beging. Es bedeutet, dass der Kriminelle das, was er tun würde, von vorne bis hinten gedanklich durchspielte, bevor er es in die Tat umsetzte.

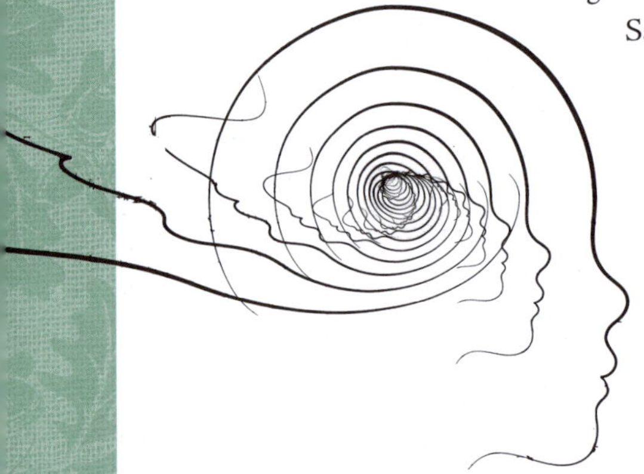

In anderen Worten ist die Meditation ruhiges, fokussierte, gelenktes Denken. Generationsübergreifende Übung und Erfahrung haben gezeigt, dass die Kombination dieser Art des Denkens mit einer bestimmten einfachen Haltung und Atmung und der Ausrichtung auf gewisse traditionelle

Symbole und Geschichten ein wirkungsvolles Mittel zur spirituellen Entwicklung ergibt, das jeder selbst einsetzen kann, ohne dass ein Lehrer nötig ist. Das erkärt, warum die Meditation vor 150 Jahren so üblich war und das ist der halbe Grund, warum die Druiden des Revivals sie seit dem 18. Jahrhundert so begeistert betreiben.

Die andere Hälfte des Grundes ist, dass etwas sehr Ähnliches vermutlich von den alten Druiden praktiziert wurde und mit Sicherheit von den irischen, schottischen und walisischen Barden, die einige der Geheimnisse der alten Druiden erbten. Es gibt Schriften aus den schottischen Bardenschulen, in denen die alten Traditionen anscheinend am längsten überlebten, die von Schülern erzählen, die allein in einem Raum liegen, Steine auf ihrem Bauch, damit sie sich ihrer Atmung bewusst sind, und sich auf ihnen bekannte traditionelle Geschichten und Gedichte konzentrieren oder selbst etwas dichten. Heute nehmen Druiden beim Meditieren eine andere Haltung ein und man richtet die Aufmerksamkeit auf andere Art auf die Atmung, das Prinzip jedoch ist ziemlich gleichgeblieben.

Ein weiterer Unterschied besteht darin, dass das Druidentum gegründet wurde, bevor die alten Kelten des Schreibens mächtig waren, und es erwartet wurde, dass Druiden alles auswendig lernten, anstatt es aufzuschreiben. Die gerade erwähnten schottischen Barden lebten lange, nachdem das Schreiben in Schottland eingeführt worden war, aber zu ihrer Zeit waren Papier und Tinte sehr teuer, sodass auch sie weiterhin auswendig lernten. Auch heute halten es einige Druiden noch so, aber mittlerweile ist es üblich, dass für die Meditation Themen – die das ruhige, fokussierte und gelenkte Denken anregen – aus Büchern über das Druidentum genommen werden oder dass Mythen und Sagen der keltischen Stämme als Vorlage dienen. Wie das funktioniert, wird weiter unten in diesem Abschnitt erläutert.

VORAUSSETZUNGEN FÜR DIE MEDITATION

Für die Meditationsübungen in diesem Kapitel brauchen Sie einen Ort, der ruhig und nicht zu hell ist und möglichst privat – ein Zimmer mit einer Tür, die Sie zuziehen können, ist ideal. Wenn das nicht möglich ist, reicht auch eine ruhige Ecke und etwas Rücksicht Ihrer Mitbewohner. Außerdem benötigen Sie einen Stuhl mit gerader Rückenlehne und einer Sitzfläche, die es Ihnen ermöglicht, Ihre Füße flach aufzustellen, wobei Ihre Oberschenkel parallel zum Boden verlaufen. Stellen Sie eine Uhr oder einen Wecker so auf, dass Sie sie oder ihn sehen können, ohne Ihren Kopf drehen zu müssen.

Wie häufig Sie meditieren, liegt in Ihrem Ermessen. Viele Druiden finden, dass tägliche Übung die besten Ergebnisse bringt, einige Organisationen empfehlen ihren Mitgliedern, morgens als erstes zu meditieren, aber ob Sie das bei sich einbauen können, wissen nur Sie. Wenn es mit einer Meditation pro Woche bei Ihnen funktioniert, soll das Ihr Rhythmus sein. Es kann allerdings sein, dass Sie von der Kraft der Meditation, Ihren Geist zu beruhigen und zu zentrieren, so angetan sind, dass Sie Ihren Terminplan dafür freiräumen.

Die Haltung bei der druidischen Meditation ist einfacher und für die meisten Menschen komfortabler als der halbe oder ganze Lotossitz der asiatischen Mediationen. Sitzen Sie auf dem Stuhl und stellen die Füße flach an den Boden, Ihre Beine sollen nah beieinander sein, am besten parallel, sich aber nicht

berühren. Ihr Rücken soll aufrecht, aber nicht steif sein und Ihr Kinn leicht angezogen, sodass Ihr Nacken nur ein wenig gestreckt ist. Ihre Augen können geschlossen oder offen sein, was Ihnen lieber ist. Mit offenen Augen sollten Sie gerade nach vorne sehen, aber sich auf nichts fokussieren. Wenn Sie sich in diese Haltung begeben haben, können Sie mit den ersten der vorbereitenden Übungen beginnen.

Der Schlüssel zur Meditation ist eine entspannte Konzentration. Wobei das Wort „entspannt" unbedingt beachtet werden muss. Leider denken zu viele Menschen heutzutage bei dem Wort „Konzentration" an einen inneren Kampf mit angespanntem Körper, die Augen zusammengekniffen, Zähne aufeinandergepresst und so weiter. Das ist das Gegenteil des Zustands, den Sie anstreben. Die folgenden Übungen werden Ihnen dabei helfen, ruhig und fokussiert zu sein, damit die Meditation stattfinden kann.

Übung 1 zur Vorbereitung

Machen Sie sich für das Erlernen bereit, indem Sie die Meditationshaltung einnehmen und werden sich fünf Minuten (achten Sie auf die Uhr) Ihres physischen Körpers bewusst. Beginnen Sie bei den Fußsohlen, den Kontakten zur Erde und dem Tellurstrom, und lassen Ihre Aufmerksamkeit langsam von dort hochwandern, Stück für Stück, bis zum Scheitelpunkt Ihres Kopfes, dem Kontakt zum Himmel und dem Solarstrom. Lassen Sie sich Zeit und spüren Sie die Spannungen in sich. Zwingen Sie sich nicht zur Entspannung, seien Sie sich nur jeder Spannung bewusst. Später wird diese einfache Bewusstseinsübung die Spannungen in Ihrem Körper auflösen und das starre Gedankenmuster und die Gefühle freilegen, die diesen Spannungen zugrundeliegen. Wie so vieles beim Meditieren, verläuft dieser Prozess in seinem eigenen Tempo.

Versuchen Sie, sich während dieser Übung nicht zu bewegen. Sie werden wahrscheinlich das Bedürfnis verspüren, zu zappeln oder das Gewicht zu verlagern. Geben Sie ihm nicht nach. Wenn Ihr Körper juckt, krampft oder sich unwohl fühlt, seien Sie sich dessen einfach bewusst, ohne etwas zu tun. Diese Reaktionen treten meist sehr stark etwa im ersten Monat der Meditationsübungen auf, halten Sie sie aus. Sie zeigen, dass Sie über die Flachheit des normalen Bewusstseins hinauswandern, in dem die meisten Menschen den Großteil Ihrer Zeit verbringen. Das Unbehagen war immer schon in Ihrem Körper, Sie hatten nur gelernt, es zu ignorieren. Jetzt, da Sie es wieder wahrnehmen, können Sie sich damit entspannen und es gehen lassen.

Übung 2 zur Vorbereitung

Führen Sie die erste Übung fünf- oder sechsmal durch, immer an einem anderen Tag, bis Ihnen die Haltung allmählich angenehm und ausbalanciert vorkommt. Dann folgt das zweite Element des Meditierens – die Atmung. Führen Sie die erste Übung schnell durch und gehen Sie dabei bewusst durch Ihren Körper von den Sohlen bis zum Kopf als eine Art Check-up, dann nehmen Sie eine bequeme und stabile Position ein. Richten Sie Ihre Aufmerksamkeit auf Ihre Atmung. Holen Sie tief Luft und lassen sie langsam und gleichmäßig wieder heraus, bis Ihre Lungen völlig leer sind.

Wenn auch das letzte bisschen Atem Sie verlassen hat, halten Sie die Luft an und zählen langsam von eins bis vier. Atmen Sie dann gleichmäßig und sanft durch die Nase ein und zählen von eins bis vier. Stellen Sie sich dabei vor, wie der Strom des Einen Lebens in Sie fließt und Ihnen Leben und Weisheit beschert. Halten Sie die Luft an und zählen von eins bis vier. Halten Sie die Luft über die Ausdehnung von Brust und Bauch an, nicht durch das Verschließen des Halses, was Ihrer Lunge schaden kann. (Wenn Sie etwas weiteratmen können, wenn Sie den Atem anhalten, ohne ein „Plopp" in Ihrem Hals zu hören, machen Sie es richtig.) Atmen Sie durch die Nase aus, sanft und gleichmäßig, und zählen von eins bis vier. Stellen Sie sich dabei vor, wie der Strom des Einen Lebens aus Ihnen herausfließt und alle Spannungen und Ablenkungen mit sich nimmt. Halten Sie mit leerer Lunge den Atem an und zählen von eins bis vier. Wiederholen Sie diese Reihenfolge fünf Minuten lang (Uhr im Blick). Diese Atemmethode heißt der vierfache Atem, die traditionelle westliche Methode des Meditierens.

Während Sie atmen, versuchen Ihre Gedanken höchstwahrscheinlich, zu anderen Dingen herumzuwandern als zu Ihrer Übung. Wenn Sie dessen gewahr werden, richten Sie Ihre Aufmerksamkeit wieder auf das Atmen, spüren Sie, wie Luft in Ihre Lunge fließt und wieder hinaus, wie das Eine Leben in Sie hineinfließt und wieder hinaus. Sie werden sich vermutlich immer wieder um Ihre Aufmerksamkeit bemühen müssen, speziell in den ersten Übungsmonaten. Nach und nach wird es Ihnen leichter fallen, Ihren Geist auf den einfachen Prozess des Atmens fokussiert zu halten.

Wenn Sie auf diesem Stand sind, werden sich auch die ersten Vorzüge des Meditierens zeigen. Die meisten Menschen finden, dass sie danach ruhiger und fokussierter sind, auch wenn es doch nur stetiges, rhythmisches Atmen ist. Vielleicht stellen Sie auch fest, dass Ihr Körper weniger verspannt ist, manche sagen, sie brauchen weniger Schlaf, wenn sie täglich meditieren.

MEDITATIONSÜBUNGEN

Führen Sie die zweite vorbereitende Übung fünf- oder sechsmal durch, bis der Vierfache Atem sich vertraut, leicht und angenehm anfühlt. Nun ist es an der Zeit, die dritte Dimension der Meditationsübung dazu zu nehmen. Wenn Sie diese meistern, haben Sie die Vorbereitungen geschafft und das Abenteuer des Meditierens begonnen.

Für das Meditieren brauchen Sie ein Thema. Darum wird sich Ihre Meditation drehen: ein Konzept, ein Symbol oder ein Satz aus einem Text, den sie besser verstehen möchten. Die Meditation der Druiden – wir erinnern uns – ist ein ruhiges, fokussiertes und gelenktes Denken, darum brauchen Sie etwas, worüber Sie nachdenken können!

Ihr Thema können Sie aus allen Bereichen wählen, die Sie interessieren. Speziell heidnische Druiden, aber auch anderen, sind die keltischen Mythen und Sagen traditionelle und vertrauenswürdige Quellen dafür. Christliche Druiden ersetzen sie häufig durch Bibelverse. Bücher über die Philosophie der Druiden und keltische Traditionen sind ebenfalls beliebt. Es gibt raue Mengen – einige Vorschläge finden Sie weiter unten.

Während der Vorbereitung auf Ihre Initiation als Druide, werden Sie aufgefordert, über das Eine Leben, die zwei Ströme, die drei Lichtstrahlen und die vier Elemente zu meditieren. Dadurch werden Sie Einsicht in die Technik erhalten, wie Themen aus einem Text extrahiert werden. Der Schlüssel dazu ist, nach Dingen zu suchen, die die Frage „Was bedeutet das?" in Ihnen auslösen. Meditation ist der Weg zur Antwort.

Zwei Hinweise helfen Ihnen, das Beste aus jedem Thema zu ziehen. Der erste ist, große Gedanken in kleinen Häppchen zu sich zu nehmen. Statt komplette Texte, Konzepte oder Symbole in einer Sitzung begreifen zu wollen, beginnen

Sie mit einem Teil davon und kümmern sich während einer Meditation nur darum. So verfahren Sie nach und nach mit allen Abschnitten. Wenn Sie beispielsweise über eine keltische Sage meditieren, nehmen Sie sich nicht gleich die ganze Geschichte vor, sondern jeweils nur eine Person oder nur ein Ereignis und schauen, was diese zu sagen haben, bevor Sie weitermachen.

Der zweite Hinweis ist, dass Sie über ein Thema so oft meditieren, wie Sie dabei neue Ideen bekommen. Die Meditationen, die Ihnen über das Eine Leben, die zwei Ströme, die drei Lichtstrahlen und die vier Elemente aufgetragen werden, werden Sie auf den Weg zum Verständnis dieser Themen bringen. Aber sie sind nur ein Anfang. Lassen Sie sich Zeit, wiederholen Sie jedes Thema, bis Sie nichts mehr finden, dem Sie nachspüren möchten und denken Sie daran, dass es keinen Preis für Eile gibt. Ein Thema, das Sie sorgfältig in vielen Meditationssitzungen aufgedröselt haben, bringt Sie weiter als einhundert Themen, die Sie kaum berührt haben.

Wenn Sie Ihr Thema ausgewählt haben, machen Sie sich bereit. Begeben Sie sich in die Meditationsposition und gehen ein, zwei Minuten durch die erste vorbereitende Übung, werden Sie sich Ihres Körpers und der Spannungen bewusst. Wechseln Sie zum Vierfachen Atem, führen Sie ihn nach der Uhr fünf Minuten aus. Denken Sie während der ersten Schritte nicht über das Thema nach – oder über irgendetwas anderes. Es geht um das Bewusstsein für Körper und Atmung. Machen Sie Ihren Geist frei.

Nach fünf Minuten gehen Sie zu Ihrer normalen Atmung über und denken an Ihr Thema. Betrachten Sie es eine Weile, wie einen Stein, den Sie im Wald gefunden haben und den Sie sich von allen Seiten ansehen. Denken Sie allgemein darüber nach. Dann folgen Sie einem der Gedanken, die Ihnen in den Sinn kamen und folgen ihm Schritt für Schritt, denken über seine Bedeutung und Auswirkung nach, gehen Sie, so weit Sie können. In der Meditation gibt es kein richtig oder falsch, sorgen Sie sich also nicht darum, ob Sie es „gut machen". Schauen Sie, was Ihnen Ihre Gedanken über das Thema sagen. Wenn Sie die Meditation beenden wollen, atmen Sie tief ein, lassen die Luft langsam und gleichmäßig wieder heraus, stehen auf und machen mit Ihrem Tag weiter.

Ein Beispiel erläutert diese Methode: Nehmen wir an, Sie meditieren über das Eine Leben, die erste Lehre in Kapitel 4 und das erste Thema, das Sie für Ihre Vorbereitung auf die Initiation bekommen werden. Nach den vorbereitenden Übungen lenken sie Ihren Geist auf die Vorstellung des Einen Lebens und denken ganz allgemein darüber nach. Was bedeutet die Aussage, dass alle Lebewesen ein Leben teilen? Dass dasselbe Leben, wenn auch weniger offensichtlich, auch in den Dingen enthalten ist, die wir als „unbelebt" bezeichnen? Dass Leben eine Macht ist, die durch alles fließt, sichtbarer in einigen, weniger sichtbar in anderen. Dass das eigene Leben, von der Empfängnis und Geburt bis jetzt in diesem Moment, Teil dieses fließenden Lebens ist? Fragen wie diese tauchen auf und helfen Ihnen, in das Thema einzusteigen und zu verstehen, was es lehrt.

Nach einer Weile wählen Sie einen der Gedanken über das Eine Leben aus und fokussieren sich auf ihn. Interessiert Sie die Vorstellung, dass das Eine Leben in einigen Dingen sichtbarer und aktiver ist als in anderen? Dann denken Sie über Steine, Pflanzen, Tiere und Menschen nach und über deren spezifische Art, dem Einen Leben Ausdruck zu verleihen und merken, dass es Verbindungen zwischen diesen Kategorien gibt. Kristalle, zum Beispiel, wachsen wie Pflanzen. Einige Pflanzen bewegen sich als Reaktion auf das, was sie umgibt, etwa Tiere. Einige Tiere demonstrieren komplexe Intelligenz – wie Menschen. Durch das Nachdenken wird Ihnen eine der Lektionen der Lehre der Druiden über das Eine Leben bewusst: die Vision, dass das Eine Leben langsam, aber bestimmt durch

alles hindurchfließt und sich auf immer üppigere und komplexere Weise zeigt. Vielleicht verändert sich Ihre Sicht auf das Eine Leben und Sie sehen es eher als Prozess und nicht als Ding an. Dieser Erkenntnis können Sie in weiteren Sitzungen weiter nachgehen.

Wenn Sie erst wenig Erfahrung mit dem Meditieren haben, werden Ihre Gedanken wahrscheinlich immer mal wieder aus dem Thema ausbrechen. Statt sie abrupt zurückzuholen, folgen Sie Ihnen zurück, bis Sie den Punkt erreichen, an dem Sie das Thema verlassen haben. Wenn Sie etwa über das

Eine Leben meditieren und stellen plötzlich fest, dass Sie über Ihre Tante Alice nachdenken, springen Sie nicht einfach zum Einen Leben zurück und beginnen von vorn. Verfolgen Sie den Weg zurück. Was hat Sie veranlasst, an Tante Alice zu denken? Erinnerungen an ein Weihnachtsessen, als Sie ein Kind waren. Was hat diese Erinnerungen hervorgerufen? Der Geschmack der gerösteten Nussmischung, die sie ihren Gästen immer anbot. Woher kam das? Von dem Gedanken über Eichhörnchen. Warum Eichhörnchen? Weil Sie das Getrippel eines Eichhörnchens gehört haben, das über Ihr Dach rannte und Sie von Ihren Gedanken über das Eine Leben abbrachte.

Wann immer Ihre Gedanken auf Wanderschaft gehen, bringen Sie sie auf diese Weise zurück. Das hat zwei Vorteile: Zunächst lernt man eine Menge über die Funktionsweise des Verstandes, den Fluss der Gedanken und die Art der assoziativen Sprünge, die er immer mal wieder macht. Zweitens entwickelt das die Fähigkeit, zu einem Thema zurückzufinden. Und mit etwas Übung werden Sie feststellen, dass Ihre Gedanken mit der gleichen Begeisterung zum Thema Ihrer Meditation zurückkehren, mit der sie von ihm fortgerannt sind. Die Zeit und regelmäßiges Üben verkürzen die Entfernungen, die sie rennen, bis Ihr Geist es schließlich gelernt hat, sich strikt um die Bedeutungen und Auswirkungen eines Themas zu kümmern, ohne abtrünnig zu werden.

Anfangs sind fünf Minuten meditieren nach den fünf Minuten des Vierfachen Atems genug. Wenn es Ihnen leichtfällt, erhöhen Sie auf 10 Minuten pro Meditation. Immer, wenn Sie meinen, Sie könnten mehr Zeit brauchen, verlängern Sie um fünf Minuten. Für die meisten Menschen ist eine Meditationszeit von 15 bis 20 Minuten (plus die fünf Minuten Atmen als Auftakt) ausreichend, mehr als 30 Minuten am Tag sind selten nützlich.

MITTEL FÜR DIE MEDITATION

Was Sie unbedingt für die Meditation brauchen, ist eine Quelle für Themen. Sie werden hier einige Anregungen für den Anfang erhalten, aber Sie werden mehr Material benötigen, wenn Sie die Vorbereitung für Ihre Initiation zum Druiden und das Ritual der Selbstinitiation hinter sich gebracht haben. Wie bereits angemerkt, kann Ihnen alles, was Sie interessiert, als Themenquelle dienen. Wenn Sie denken „Ich frage mich, was das bedeutet", dann wissen Sie, dass Sie eine gute Quelle gefunden haben.

Bücher über die Lehren der Druiden und ihre Philosophie sind für viele Druiden eine gute Quelle und wenn Sie ein religiöser Mensch sind, bieten sich natürlich die Schriften und Symbole Ihres Glaubens an. Eine größere Herausforderung, die sich allerdings bezahlt macht, sind Bücher über keltische Mythen und Sagen. Heute wissen nur noch wenige Menschen, dass Mythen und Sagen nicht nur farbenfrohe Geschichten sind. Alles darin hat symbolischen Charakter und allem kommt eine Bedeutung zu – meist sogar mehr als eine. Es sind meist mehrere Meditationen über dieselbe Geschichte nötig, um alle darin versteckten Bedeutungen herauszukitzeln.

Wenn Sie sich auf die Suche nach versteckten Bedeutungen begeben, werden Sie Ihren Verstand auf eine Art einsetzen, die den meisten Menschen heute unbekannt ist. Fragen wie „Woran erinnert mich das?" und „Wo finden ähnliche Veränderungen statt?" gehören zu den Instrumenten, die Ihnen helfen werden. Haben Sie keine Angst davor, private Bedeutungen in Ihren Meditationen zu hinterfragen. Wenn eine Person in der Sage auf eine Hürde stößt – welche Hürde gibt es in Ihrem Leben? Was würde geschehen, wenn Sie diese Hürden genauso angingen, wie die Person es tut? Was würden Sie denken oder fühlen, wenn Sie in der Situation der Person wären? Diese und ähnliche Fragen können Ihnen helfen, durch die Oberfläche in die Geschichte einzutauchen und in ihren Tiefen zu suchen.

Dieselben Prinzipien gelten für die dritte Quelle für Meditationsthemen, die viele Druiden nutzen – die Welt der Natur. Schriftsteller früherer Zeiten sprachen gerne von ihr als dem Buch der Natur, das der Weise zu lesen vermag. Es erfordert meist lange Studien und viel Übung, um den Sinn in der Sammlung von Symbolen und Metaphern in der Natur zu erkennen, aber wenn Ihre Beobachtungsgabe trainiert ist, wird es leichter für Sie, zu erkennen, was die Natur so macht. Lassen Sie sich Zeit: Denken Sie daran, dass es beim Meditieren keine richtige oder falsche Antwort gibt, und schauen Sie, was Sie finden. Auf den Seiten 195–201 finden Sie außerdem eine Bücherliste, die Ihnen auf Ihrer Reise nützlich sein kann.

KAPITEL 10

Wahrsagen

WAHRSAGEN GEHÖRT ZUSAMMEN MIT Beobachten und Meditieren zu den Grundpraktiken der Druiden. Wahrsagen ist die Kunst, Intuition durch den Einsatz vermeintlich willkürlicher Symbole zu entwickeln. Die alten Druiden waren für ihre Fähigkeit berühmt, die Zukunft anhand des Vogelflugs oder durch Lesen des Windes, der Wolken und des Donners vorauszusagen. Moderne Druiden machen das heute auch, aber mit anderen Mitteln. Eins ist das Coelbren-Alphabet und wird in diesem Kapitel vorgestellt. Es besteht aus Symbolen und wurde von Iolo Morganwg, dem walisischen Dichter entweder erfunden oder wiederentdeckt – niemand weiß es.

Das Coelbren – KO-ulbren ausgesprochen – besteht aus 24 Elementen. Auf den ersten Blick erinnert es an Runen, dem magischen Alphabet der nordischen und germanischen Stämme des alten Europas.

Die Ähnlichkeit ist nicht ganz zufällig, denn sowohl die Runen als auch das Coelbren sollten mit einem Messer ins Holz geschnitzt und nicht auf Papier geschrieben werden. Formen und Bedeutung des Coelbren entspricht allerdings nicht denen der Runen und wenn Sie an Runen gewöhnt sind, müssen Sie einen ganzen Satz neuer Bedeutungen lernen, um mit dem Coelbren wahrsagen zu können.

Der Ablauf jedoch ist so ziemlich derselbe. Für eine Coelbren-Sitzung kaufen oder fertigen Sie von Hand ein Set aus 24 Stöckchen, Steinen oder Karten, von denen jedes eins der Symbole des Alphabets trägt. Diese können schlicht oder dekorativ sein, so, wie es Ihnen gefällt. Ich habe Coelbren sogar mit einfachen Notizzetteln gelegt, auf denen ich die Symbole vermerkt hatte, und ebenso mit traditionellen, kunstvoll geschnitzten Holzstäben. Wenn Sie Holzstäbe oder Steine verwenden, ist es nützlich, sie in einem Stoffbeutel aufzubewahren, dann können Sie bei Gelegenheit einen oder mehrere blind herausziehen. Wenn Sie sich für Karten entscheiden, mischen Sie sie, heben ab und teilen eine oder mehrere Karten aus, wie beim Tarot. Wenn Sie Ihre Coelbren-Symbole gewählt oder gelegt haben, können Sie sich für ihre Deutung an die Anleitungen in diesem Kapitel halten, um die Botschaft zu entschlüsseln.

Wie können zufällig gewählte Symbole Ihnen Einsicht in die verborgenen gegenwärtigen und zukünftigen Fakten verschaffen? Dafür gibt es zwei Gründe, und beide sind für das Wahrsagen gültig. Der erste ist, dass nichts in dieser Welt wirklich zufällig ist. Der Psychologe Carl Jung vermutete, dass es ein Netzwerk feiner Verbindungen gibt, die er „Synchronizitäten" nannte und die zwischen allem, was es im Universum gibt, bestehen. Sie formen das, was wir Zufall nennen. Unablässig bilden diese Verbindungen bedeutungsvolle Muster, die sich in scheinbar zufälligen Ereignissen zeigen wie der Flug der Vögel oder das Ziehen eines Stöckchens aus einem Stoffbeutel. Wer lernt, diese Muster zu lesen, wird erkennen, was geschieht und was geschehen wird.

Was wir brauchen, um die Muster zu lesen, ist Intuition, eine der am stärksten unterschätzten menschlichen Fähigkeiten. Die meisten kennen das: Plötzlich wissen wir etwas, das wir unmöglich auf übliche Weise gelernt haben können. Menschen bezeichnen das als „eine Ahnung haben", „Bauchgefühl" oder „weiß ich einfach". Und sehr häufig haben sie recht. Die Intuition als Quelle dieser Erfahrungen ist der Sinn, mit dem wir in das Netzwerk der Synchronizitäten eintauchen. Anders ausgedrückt, lesen wir auf diese Weise die bedeutungsvollen Muster, die durch das Eine Leben fließen. Intuition ist nicht unfehlbar. So, wie Ihre Augen auf eine optische Täuschung reinfallen können, kann Ihre Intuition fehlgeleitet werden. Sie erhalten etwa intuitiv eine richtige Information und missinterpretieren sie. Jedoch wird die Intuition mit Übung zu einer scharfsinnigen und nützlichen Methode, den Fluss der Weltereignisse wahrzunehmen – und das Wahrsagen ist eine der effektivsten Arten, die Intuition zu trainieren und zu entwickeln.

Bardische Zeichen oder Buchstaben

Vokale

C.
P. a â e ê i u û y o ô w ŵ
R. 1 2 3 4

Konsonanten

C.
P. b v m m v p ph mh f c ch ngh g ng
N. bi mi pi fi ci gi
R. 5 6 7 8 9 10

C.
P. t th nh d dh n n l ll r rh s h hw
N. ti di ni li ri is
R. 11 12 13 14 15 16

DAS WAHRSAGEN TRAINIEREN

Für das Üben mit dem Coelbren-Alphabet benötigen Sie, wie bereits erwähnt, einen Satz Hölzer, Steine oder Karten mit den Coelbren-Symbolen darauf. Sie können ein Set kaufen oder selbst eins anfertigen, was im Übrigen genauso wirkungsvoll ist. Die Symbole finden Sie zusammen mit ihrer Bedeutung auf den Seiten 118–141. Beim Ansehen der Coelbren-Buchstaben wird Ihnen sicher auffallen, dass einige das Spiegelbild von anderen sind – beispielsweise, wenn Sie den Buchstaben Ci andersherum drehen, erhalten Sie den Buchstaben Di. Auf dieselbe Weise wird aus Li der Buchstabe Si. Das macht es so wichtig, die Stäbe, Steine oder Karten zu markieren, damit Sie immer erkennen, wo oben und unten ist. Ein Punkt unter dem Symbol wäre eine Methode, eine andere, es eher ans Ende oder den Rand der Unterlage zu verlagern, statt in die Mitte.

Sobald Sie Ihr Coelbren-Set haben, können Sie mit dem Legen und Deuten beginnen. Legesysteme gibt es viele, sie geben an, wie Sie die Coelbren, die Sie ziehen, auslegen, damit Sie sie deuten können. Wenn Sie etwas Übung darin haben, werden Sie feststellen, dass die meisten Systeme für Tarotkarten sehr gut auf die Coelbren übertragen werden können. Für den Anfang ziehen die meisten Menschen einfache Legemuster fest, um mit wachsender Sicherheit auf kompliziertere zu wechseln.

Das Legesystem, das ich Anfängern empfehle, ist das „Drei Lichtstrahlen-Muster", das nachfolgend abgebildet ist.

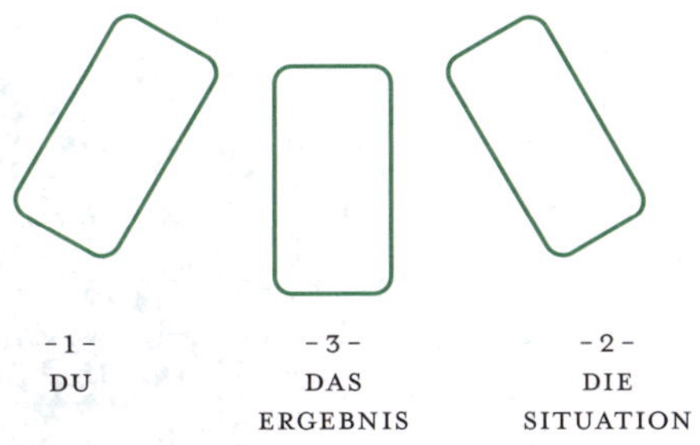

Die erste Position ganz links steht für Sie oder eine Person, für die Sie die Coelbren legen. Die zweite Position auf der rechten Seite, repräsentiert Ihre Situation und die dritte in der Mitte bezieht sich auf das Ergebnis. Das System ist zwar einfach, aber mit etwas Übung können Sie sehr gut Bedeutungen erkennen und Erkenntnisse daraus ziehen. Ziehen Sie dafür nacheinander drei Coelbren-Stäbe, -steine oder -karten und legen Sie sie wie im Bild hin. Beginnen Sie mit der Deutung und bedenken Sie die Bedeutungen der drei Positionen. Ziehen Sie als erstes zum Beispiel den Buchstaben A, ist die grundsätzliche Aussage, dass Sie das Richtige tun und genauso weitermachen sollten. Ist der zweite Buchstabe das Gi, ist die Grundbedeutung, dass die Situation gerade sehr kompliziert ist und sich als Reaktion auf Ihr Verhalten auf unvorhersehbare Weise verändern wird. Ziehen Sie dann das Li, bedeutet das grundsätzlich, dass sich trotz der Komplikationen alles zum Guten wenden wird.

Die wirkungsvollste Lernmethode für das Wahrsagen ist das tägliche Legen eines Systems. Morgen lautet die Frage dazu „Was wird mir heute begegnen?“, abends verändert man sie zu „Was wird mir morgen begegnen?“ Schreiben Sie Ihre Deutungen in ein Notizbuch, zusammen mit Anmerkungen, was Sie durch die Antworten erwarten. Schauen Sie am Ende des Tages, was Sie notiert haben und ob Sie nun besser verstehen, was die Coelbren Ihnen sagen wollten. Durch die Wiederholung dieser Praktik werden Sie Ihr eigenes Gespür dafür entwickeln, was die Buchstaben bedeuten und die Deutungen werden Ihnen leichter fallen.

DAS COELBREN-ALPHABET

Das Coelbren-Alphabet besteht aus 24 Buchstaben, von denen jeder für einen Zustand der Bewegung oder des Wechsels steht. Darin unterscheidet sich das Coelbren von anderen Orakeln. Die Positionen in allen Legesystemen stehen für Menschen, Dinge und Ereignisse – wie die erste Position bei den Drei Lichtstrahlen für Sie (Du) steht, die zweite für die Situation (Ding) und die Dritte für das Ergebnis (Ereignis). Der Coelbren-Buchstabe auf der jeweiligen Position sagt Ihnen, was mit der Person, dem Ding oder dem Ereignis geschieht.

Jeder Buchstabe ist ein Bewegungsmuster und steht für einen Wechsel in dem Einen Leben. Diese Muster zu erlernen und einen eigenen Sinn dafür zu entwickeln, was sie bedeuten und welche Auswirkung sie auf Ihr Leben haben, ist ein wichtiger Schritt zur Weisheit. Nach einiger Zeit werden Sie allmählich die Muster erkennen, wenn Sie nicht gerade das Orakel legen. Und Sie werden in der Lage sein, Ihr Wissen in Ihre Deutung aufzunehmen, um deutlichere und treffendere Ergebnisse zu erhalten.

NAME: **A** (ausgesprochen „Ah“)

Bedeutung: Fortfahren – Fortdauer eines Zustands oder der Umstände, bezieht sich auf Bewegung, handeln oder ausruhen

Der Buchstabe steht für ein unkompliziertes Vorangehen. Liegt er auf der Position, die Sie repräsentiert, ist das ein Zeichen, dass Sie mit dem, was Sie machen, fortfahren und die Richtung, die Sie eingeschlagen haben, weiterverfolgen sollen. Legen Sie für eine andere Person, gilt derselbe Rat. Liegt der Buchstabe in der Position der Situation, bedeutet das, dass die augenblickliche Situation sich weiter so entwickelt wie bisher. Sie brauchen sich keine Sorgen zu machen, dass sich plötzlich die Richtung ändert oder dass etwas passiert, womit Sie nicht rechnen. Liegt der Buchstabe in der Ergebnis-Position, steht er allgemein für ruhiges Fahrwasser. Wenn die anderen Buchstaben in der Legung nichts anderes ausdrücken, ist er normalerweise ein Hinweis auf Erfolg.

ᛖ NAME: **E** (ausgesprochen „Eh")

Bedeutung: Bewegung stockt, ist unterbrochen oder zum Erliegen gekommen, ein indirekter, negativer oder gestörter Zustand

Wenn dieser Buchstabe gelegt wird, bedeutet das, dass die Dinge nicht so weitergehen, wie es jetzt den Anschein hat. Liegt der Buchstabe in der Du-Position, sollten Sie die Richtung wechseln oder, wenn die anderen Buchstaben im Legesystem diese Aussage unterstützen, das Projekt, das Ihnen vorschwebt, ganz sein lassen. Liegt er auf der Position der Situation, wird etwas, dem Sie begegnen, sich als Hindernis herausstellen und Sie zwingen, Ihre Herangehensweise zu überdenken und etwas anderes auszuprobieren. Wenn er das Ergebnis repräsentiert, bedeutet das, dass die Dinge anders verlaufen, als Sie erwarten. Überall steht er für notwendige Veränderung, wobei die anderen Buchstaben bei der Erkenntnis helfen, was sich ändern muss und wie Sie Ihre Anstrengungen neu ausrichten können, um in dieser Situation zu erreichen, was Sie wollen.

ᛁ NAME: *I* (ausgesprochen „Ih“)

Bedeutung: Etwas bewegt sich auf seinen angestammten Platz hin, ist oder wird Teil eines Ganzen sein – Annäherung, Unterordnung

Erscheint dieser Buchstabe in einer Sitzung, steht er dafür, dass sich etwas wohin oder in etwas hinein bewegt – ob das positiv ist oder nicht, hängt teilweise von der Position des Buchstabens ab und teilweise von der Art der Frage. Wenn er in einer entsprechenden Position in einer Legung etwa über Freundschaft liegt, ist das ein starkes Zeichen dafür, dass etwas zwischen den beiden beteiligten Menschen geschieht. Ziehen Sie ihn, wenn es darum geht, Ihren Job zu kündigen, heißt das, dass Sie besser bleiben sollten, weil Sie an dem für Sie besten Platz sind, ob Sie es wahrhaben wollen oder nicht. In der Du-Position sagt er Ihnen, dass es die beste und vielleicht einzige Wahl wäre, in der Sache, um die es geht, voranzudrängen. In der Position der Situation oder des Ergebnisses, heißt er, dass etwas Neues in Ihr Leben eintritt.

NAME: **O** (ausgesprochen „Oh")

Bedeutung: Aus etwas hinaus – oder von etwas wegbewegen, verlassen, Ablehnung oder Prognose, aussenden, hervorbringen

Bei dieser Karte können Sie eine Bewegung von etwas fort oder aus etwas heraus erwarten – und auch hier wieder: Ob das vorteilhaft ist oder nicht, hängt von der Lage des Buchstabens ab und von der gestellten Frage. Repräsentiert der Buchstabe Sie oder eine Person, für die Sie legen, könnte er Ihnen mitteilen, dass es Zeit ist, eine Situation zu verlassen, die nicht mehr richtig ist für Sie. Steht er für die Situation, wird etwas, das Sie beeinträchtigt, verschwinden und Sie müssen neue Pläne machen. Liegt er auf der Position des Ergebnisses, werden Sie die Situation verlassen, ob Sie wollen oder nicht. Wofür der Buchstabe auch steht, es wird vorübergehen, in dem einen oder anderen Sinn.

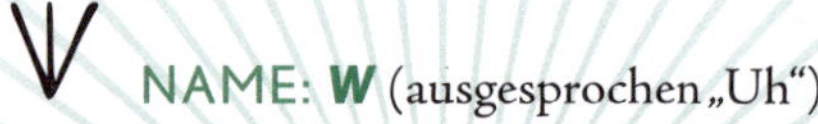

NAME: **W** (ausgesprochen „Uh“)

Bedeutung: Dinge in Klassen oder Kategorien sortieren oder aufteilen, Unterscheidung, Abweichung, Entscheidung

Wenn Sie diesen Buchstaben legen, wissen Sie, dass eine Trennung oder ein Moment der Entscheidung bevorsteht. Einige Dinge in Ihrem Leben werden den einen Weg nehmen, andere einen anderen. Liegt der Buchstabe auf der Du-Position, kann eine Wahl aus mehreren Möglichkeiten anstehen oder Sie oder die Person, für die Sie legen, soll sich die einzelnen Möglichkeiten näher ansehen. Steht er für die Situation, wird jemand anderes eine Entscheidung treffen, die Auswirkung auf Sie hat, oder es findet eine andere Art der Teilung oder des Aussortierens statt. Repräsentiert er das Ergebnis, könnten sich die Dinge in mehr als eine Richtung entwickeln, und wie Sie sich verhalten, bestimmt mit, was geschehen wird. Im besten Fall weist der Buchstabe auf eine Fülle von Möglichkeiten hin, aber er kann ebenso eine Warnung sein, dass Sie eine Wahl treffen müssen und mit dem Ergebnis leben müssen.

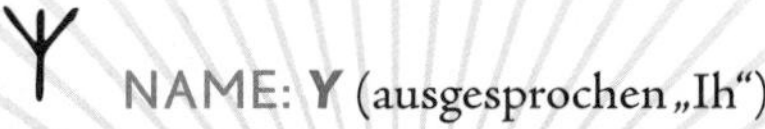

ᛉ NAME: **Y** (ausgesprochen „Ih“)

Bedeutung: ein ausgeglichener Zustand oder solche Verfassung, Neutralität, Pause, Unparteilichkeit oder Nichteinbeziehung

Wenn Sie diesen Buchstaben legen, bedeutet das, dass jetzt nicht die geeignete Zeit ist, endgültige Entscheidungen zu treffen oder etwas zu tun, was nicht rückgängig gemacht werden kann. Repräsentiert der Buchstabe Sie, rät er Ihnen, abzuwarten und alle Entscheidungen zu verschieben. Das gilt auch, wenn Sie für eine andere Person legen. Steht er für die Situation, können Sie davon ausgehen, dass die Umstände verhindern, dass etwas geschieht. Und wenn er in der Position des Ergebnisses liegt, sind Verzögerung und Trägheit an der Tagesordnung. Das kann sehr frustrierend sein, wenn es für etwas steht, was Sie wirklich wollen, aber denken Sie daran, dass es auch um etwas gehen kann, das Sie nicht wollen. In dem Fall müssen Sie sich nicht darüber sorgen, ob es sofort geschieht oder in Abhängigkeit von den anderen Buchstaben in dem Legesystem.

ᛉ NAME: *U* (ausgesprochen „Ih“)

Bedeutung: **Ganzheit, Vollständigkeit, Einheit – der Hintergrund oder Zusammenhang, in dem andere Handlungen ihren Platz haben**

Ziehen Sie diesen Buchstaben, bedeutet er, dass die Situation entweder bereits beendet ist oder auf ihrem Weg zur Vollendung ist, egal, was Sie noch machen oder nicht. Wenn er Sie repräsentiert, erinnert er Sie daran, dass Sie Teil eines größeren Bildes sind, als Sie sich vorstellen, und dass äußere Kräfte mehr daran beteiligt sind, wie die Sache ausgeht, als alles, was Sie tun oder lassen können. Steht der Buchstabe für die Situation, heißt das, dass Sie (oder die Person, für die Sie legen) nicht viel Einfluss auf diesen Teil des Bildes ausüben können. Liegt er in der Position des Ergebnisses, ist die Frage bereits geklärt und nichts, was Sie tun, kann noch etwas bewirken.

ᚁ NAME: ***Bi*** (ausgesprochen „Bih“)

Bedeutung: Etwas befindet sich im Ruhezustand, einer ruhigen Verfassung, reine Existenz – Wahrnehmung

Wenn Sie diesen Buchstaben legen, sagt er, dass die Dinge so sind, wie sie sind und sich nicht von alleine verändern. Liegt er in der Du-Position, bleibt Ihr Leben, wie es ist und dass Sie dieselben Erfahrung wie vorher machen. Das gilt natürlich auch für jemanden, für den Sie legen. In der Position der Situation, ist die Aussage dieselbe – die Situation steht vor keiner Veränderung. Repräsentiert der Buchstabe das Ergebnis, heißt das, dass alle Bemühungen, die Sie anstreben könnten, wenig oder keine Wirkung hätten. Abhängig von den anderen Buchstaben im Legesystem bedeutet er, dass Dinge sich nicht ändern, wenn Sie sie nicht verändern. Oder er kann ein Hinweis darauf sein, dass egal, was Sie machen, sich nichts ändern wird und Sie vermutlich lernen müssen, damit zu leben.

ᚲ NAME: **Ci** (ausgesprochen „Kih“)

Bedeutung: Umfassen, verstehen – nach etwas greifen oder sich nach etwas strecken – fangen, erreichen, begreifen

Wenn dieser Buchstabe erscheint, geht es um bekommen und festhalten. Wenn Sie fragen, ob Sie oder jemand anderes etwas bekommen kann, etwa einen Job oder einen Herzensmenschen, antwortet der Buchstabe mit Ja. Lautet die Frage aber, ob Sie oder jemand anderes verhindern kann, etwas zu bekommen, so wie eine Krankheit, dann heißt die Antwort Nein! In einer anderen Position oder auf eine andere Frage hin kann er bedeuten, dass etwas Sie oder jemand anderes im Guten oder im Schlechten erwischt. Je nachdem, wo der Buchstabe liegt, lautet der Rat „Peilen Sie das an“ oder warnend „Da kommt was auf Sie zu“. Aber so oder so, das allgemeine Thema des Nach-etwas-greifens und -packens bleibt dasselbe.

NAME: ***Di*** (ausgesprochen „Die“)

Bedeutung: Wachsen, entfalten, offenlegen, verteilen und aufteilen, das Gegenteil von Ci

Wenn Sie diesen Buchstaben legen, steht er für loslassen und ziehen lassen. Wenn er Sie repräsentiert oder die Person, für die Sie legen, sagt er Ihnen, dass es Zeit ist, dass Sie oder die Person etwas loslassen. Ist der Zweck der Legung, zu erfahren, ob man etwas bekommen kann, ist die Antwort daher Nein. Natürlich hängt das auch von den anderen gelegten Buchstaben ab. Wenn aber das Problem, um das es geht, die Frage ist, ob Sie über etwas hinwegkommen oder sich entziehen können, dann lautet die Antwort Ja. Repräsentiert der Buchstabe die Situation, können Sie davon ausgehen, dass die Dinge sich ändern werden, in der Position des Ergebnisses können Sie die Dinge verändern.

ᚨ NAME: ***Ffi*** (ausgesprochen „Fih“)

Bedeutung: **Ursache, Impuls, etwas in Gang setzen – die Quelle oder der Vorstoß einer Veränderung oder Aktivität**

Taucht dieser Buchstabe in einer Legung auf, sollen Sie dafür sorgen, dass die Dinge in Gang kommen. Es gibt keine Veränderung, es sei denn, jemand stößt sie an. In der Du-Position bedeutet er, dass nur dann etwas geschieht, wenn Sie etwas dafür tun. Derselbe Rat gilt, wenn Sie für jemand anderes legen. In der Position der Situation ist er Hinweis darauf, dass etwas anderes als Ihr Handeln und Ihre Entscheidungen die Situation vorantreibt. Und repräsentiert er das Ergebnis, heißt das, dass es Ihr Handeln ist, das die Dinge ins Rollen bringt.

ᚲ NAME: ***Gi*** (ausgesprochen „Gieh“)

Bedeutung: Zusammengehörigkeit, Bindung, Appetit, Sehnsucht – auch Ausgleich und gegenseitige Reaktion aufeinander

Wenn Sie diesen Buchstaben legen, bedeutet das, dass die Dinge, nach denen Sie fragen, eng miteinander verbunden sind. Das heißt: Wenn man eine Sache verändert, verändert sich alles. Repräsentiert er Sie oder die Person, für die Sie fragen, lässt das darauf schließen, dass jeder Versuch, etwas zu verändern, zu einer Kettenreaktion von Veränderungen führt und zu Ergebnissen, die nicht vorherzusehen sind. Das heißt nicht unbedingt, dass das eine schlechte Idee sein muss, aber Sie sollten sich für das Unerwartete bereitmachen. Steht der Buchstabe für die Situation, warnt er davor, dass es in der Situation Verbindungen und Beziehungen gibt, die Sie vielleicht noch nicht kennen. Und als Repräsentant des Ergebnisses sagt er, dass das, was in der Situation geschieht, Konsequenzen nach sich zieht, die Sie nicht vorhersehen können.

ᚺ NAME: ***Hi*** (ausgesprochen „Hieh")

Bedeutung: Generation, Fülle, Fruchtbarkeit, Nahrung, Unterstützung – positive Reaktion auf eine äußere Ursache oder Reiz

Wenn Sie diesen Buchstaben legen, ist das für die meisten Fragen ein gutes Zeichen. Wenn er Sie repräsentiert oder die Person, für die Sie legen, ermutigt er Sie zu einer offenen und wohlwollenden Einstellung zu den Ereignissen oder Handlung, auf die sich die Frage bezieht. Liegt er in der Position der Situation, sagt er voraus, dass die Situation empfänglich ist gegenüber allem, was Sie (oder die Person, für die Sie fragen) versuchen. Für das Ergebnis ist er ein sehr gutes Zeichen dafür, dass die Dinge so verlaufen, wie es Ihnen gefällt. Im Allgemeinen zeigt er günstige Umstände an, und wenn die anderen Buchstaben im Legesystem ihn stützen, ist er das Versprechen auf Erfolg.

ᚳ NAME: ***Li*** (ausgesprochen „Lih")

Bedeutung: Fluss, Sanftheit, Glattheit, Helligkeit, offener Raum – Lösung oder Vergänglichkeit – mühelose Bewegung

Wenn dieser Buchstabe auftaucht, heißt das, dass die Ereignisse geschmeidig im Fluss sind und Sie sich nicht bemühen müssen, den Fluss am Laufen zu halten. In der Du-Position hält er einen wichtigen Rat bereit: Jetzt ist die Zeit, die Dinge den Weg nehmen zu lassen, den sie selbst wählen und sie nicht in eine Richtung zu zwingen, von der Sie annehmen, sie wollten dorthin. Als Situation oder Ergebnis sind die Ereignisse außer Kontrolle und Sie müssen einfach akzeptieren, dass sie machen, was sie wollen. Wenn andere Buchstaben in der Legung nicht auf etwas anderes hinweisen, ist das aber ein günstiges Omen, das darauf hinweist, dass, wenn alles seinen Gang nehmen darf, am Ende Sie oder die Person, für die Sie legen, glücklich über das Ergebnis sein werden.

W NAME: **Mi** (ausgesprochen „Mih")

Bedeutung: Verstehen, umgeben – Begrenzung oder Aufnahme, in etwas eingeschlossen sein, groß oder kompliziert

In einer Legung sagt Ihnen dieser Buchstabe, dass mehr geschieht, als Ihnen bewusst ist, und dass Sie das ganze Bild betrachten und nicht im Detail festhängen sollen. In der Du-Position ist er ein Hinweis darauf, dass egal was Sie (oder die Person, für die Sie legen) tun, es andere Menschen und Dinge beeinflusst und Sie von ihnen beeinflusst werden. Abhängig davon, welche anderen Buchstaben dazukommen, kann er auch bedeuten, dass Sie (oder die andere Person) Ihr Ziel nur erreichen können, wenn Sie Teil einer Gruppe sind oder dass Sie durch die Entscheidungen anderer Menschen eingeschränkt werden. Als Buchstabe der Situation lässt er Sie wissen, dass in dieser Situation viel mehr geschieht, als Sie ahnen. Als Ergebnisbuchstabe teilt er Ihnen mit, dass das, was Sie machen, eine viel größere Wirkung hat, als Sie denken. Allgemeiner gesagt: Egal, in welcher Position dieser Buchstabe liegt, seine Bedeutung ist vermutlich, dass die Situation viel größer oder komplizierter ist, als sie auf den ersten Blick scheint.

ᚾ NAME: **Ni** (ausgesprochen „Nih“)

Bedeutung: Unterscheiden oder identifizieren – ein individuelles Thema oder Ding – etwas Neues: schlicht, erlesen, klein

Wenn Sie diesen Buchstaben legen, dann ist das, wofür er steht, der Schlüssel für die gesamte Situation. Wenn er in der persönlichen Position liegt, sagt er, dass Ihre Entscheidungen und Handlungen der Schlüssel zur Gesamtsituation sind. Legen Sie für jemand anderen, trifft das ebenso auf diese Person zu. Wenn er in der Position liegt, die die Situation repräsentiert, müssen Sie ihr etwas mehr Aufmerksamkeit widmen, aber nicht sich selbst. In der Ergebnisposition ist er ein Hinweis darauf, dass das Problem nicht so groß ist, wie Sie denken. Generell kann er aber auch bedeuten, dass die Situation viel kleiner oder weniger kompliziert ist als sie erscheint.

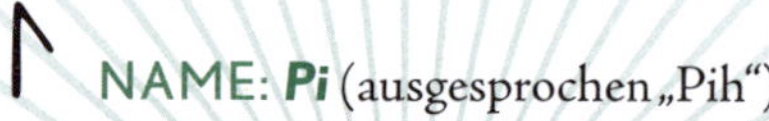

NAME: ***Pi*** (ausgesprochen „Pih“)

Bedeutung: Druck ausüben, eindringen, rausholen oder losbrechen – herausragend, gerissen, gewölbt

Erscheint dieser Buchstabe in einer Legung, sagt er Ihnen, dass die Dinge sich plötzlich irgendwie ändern werden. In der Du-Position bedeutet er, dass Sie oder die Person, für die Sie legen, für die Veränderung verantwortlich ist und am meisten davon betroffen sein werden. In der Position für die Situation ist er ein Hinweis darauf, dass die Veränderung kommt, unabhängig von dem, was Sie machen. Und in der Position des Ergebnisses liegt die Veränderung in der Zukunft und Sie haben noch die Möglichkeit, sie entweder zu verhindern oder sie in die Bahnen zu lenken, die Sie bevorzugen.

ᛗ NAME: ***Ri*** (ausgesprochen „Rih")

Bedeutung: Kraft, Vorherrschaft oder Überlegenheit – eine Handlung, mit großer Stärke ausgeführt – Schaden anrichten

Wenn dieser Buchstabe gelegt wird, sagt er Ihnen, dass die Situation zu weit fortgeschritten ist, als dass sie mit sanften und dezenten Mitteln zu regeln sei. Ein großer Aufwand wird nötig werden. In der persönlichen Situation ist er ein Hinweis darauf, dass Sie Kraft aufwenden müssen, um die Ergebnisse zu erzielen, auf die Sie hoffen. Wenn er allerdings nicht von ungünstigen Buchstaben begleitet wird, sagt er Ihnen auch, dass Sie die Stärke für diese Aufgabe besitzen. Wenn Sie für eine andere Person legen, gilt für sie dasselbe. Als Repräsentant für die Situation allerdings ist der Buchstabe meist ein schlechtes Zeichen und weist darauf hin, dass jemand oder etwas in dieser Situation stärker ist als Sie und Sie davon ausgehen können, dass diese Macht auch ausgeübt wird. Steht der Buchstabe für das Ergebnis, werden Ihnen die anderen Buchstaben sagen, wer über die Stärke verfügt, die er voraussagt.

ᚴ NAME: ***Si*** (ausgesprochen „Schih")

Bedeutung: Unterlegenheit, Geheimnis, Absonderung – ein geheimes oder privates Wissen – Anspielung, indirekte Handlung

Legen Sie während einer Sitzung diesen Buchstaben, bedeutet er, dass direktes Handeln jetzt keine Option ist und es Zeit ist, die Dinge ruhig und indirekt anzugehen. Wenn er in der persönlichen Position liegt, heißt das, dass Sie für die Situation nicht stark genug sind, Sie können sie nicht übernehmen und müssen daher indirekte Maßnahmen ergreifen. Ziehen Sie keine Aufmerksamkeit auf sich und bleiben Sie unter dem Radar, so erzielen Sie die Ergebnisse, die Sie anstreben. Erscheint der Buchstabe in einer Legung für eine andere Person, bedeutet das häufig, dass diese Person Ihnen nicht alles gesagt hat, was Sie über die Situation wissen müssen! Repräsentiert er die Situation, gibt es bei der Frage versteckte Faktoren und Sie müssen einfach abwarten.

↑ NAME: ***Ti*** (ausgesprochen „Tih“)

Bedeutung: Spannung, zermürbend – sich ausstrecken – etwas zu Ende bringen – einengen, beenden

Wenn Sie diesen Buchstaben ziehen, bedeutet das, dass sich etwas seinem Ende neigt. In der Position, die Sie oder eine Person repräsentiert, für die Sie legen, steht er dafür, dass die Situation für Sie oder die andere Person schon zu weit gegangen ist, um Einfluss zu nehmen. Liegt er auf der Situationsposition, wird etwas in Ihrer Situation nicht lange dauern. Wenn er in der Position des Ergebnisses liegt, heißt das, dass die Situation auf gute oder schlechte Art vorbei ist. Sie müssen loslassen und zu anderen Dingen weitergehen. Der Buchstabe kann auch für Anspannung und Stress stehen und wenn er als Ihr Buchstabe gelegt wird, sollten Sie mehr Zeit für Ihre Entspannung aufwenden.

ᚦ **NAME:** ***Ddi*** (mit englischem -th ausgesprochen „Th-ieh")

Bedeutung: Reich, Ausdehnung oder Handlungsbereich – Territorium – Stelle, die die Grenze einer bestehenden Kraft markiert

Wenn Sie diesen Buchstaben legen, sagt er Ihnen, dass es eine Grenze gibt, die Sie nicht überqueren können. In der Du-Position heißt das, dass Ihr Einfluss auf eine Situation nur bis zu dieser Grenze geht. Sein Ratschlag für Sie ist meist, dass Sie ausloten sollen, was Sie ausrichten können und was nicht, und sich auf das Mögliche konzentrieren. Legen Sie für jemand anderen, gilt derselbe Rat. Als Situationsbuchstabe bedeutet er, dass jemand oder etwas, der oder das Sie beunruhigt, keinen Einfluss auf Sie hat. Als Ergebnis steht er dafür, dass Sie sich möglicherweise bemühen, etwas zu tun, das außerhalb Ihrer Reichweite liegt.

ᚺ NAME: *Lli* (ausgesprochen „Chlieh“)

Bedeutung: Turbulenzen, Verwirrung, Störung – schwer, weiterzumachen – Hürden, Solidität, mühsame Bewegung

Taucht dieser Buchstabe in einer Legung auf, heißt das, dass Ärger, Hürden und Schwierigkeiten auf Sie zukommen. In der persönlichen Position bedeutet das für Sie oder die Person, für die Sie legen, dass Sie oder sie sehr darum kämpfen werden müssen, etwas zu Ende zu bringen. Steht er für die Situation, ist sie im Ganzen schwierig. Wenn er an der Stelle des Ergebnisses liegt, machen Sie sich auf Frust und Verzögerung gefasst. Je nachdem, welche Buchstaben gleichzeitig gezogen werden, kann er auch einfach nur ein Hinweis sein, dass sehr viel sehr schnell passieren wird und es schwer für Sie wird, damit Schritt zu halten und sich nicht beirren zu lassen.

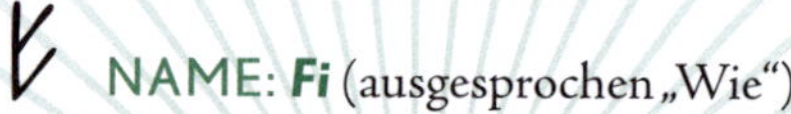

Bedeutung: Schutz, Grenze, Disziplin, Einführung oder Erhalt einer Ordnung – ungünstige Reaktion auf äußere Ursache

In einer Legung ist dieser Buchstabe auf die meisten Fragen fast immer ein schlechtes Zeichen. In der persönlichen Position warnt er Sie oder die Person, für die Sie legen, bei dem, wonach Sie fragen, wachsam und vorsichtig zu sein. Als Situationsbuchstabe steht er dafür, dass Sie mit so starkem Widerstand rechnen müssen, dass Sie eventuell nicht erreichen, was Sie möchten. Für das Ergebnis bedeutet er, dass höchstwahrscheinlich ein äußerer Faktor oder Reiz dazwischenfunken wird und es Ihnen schwer macht. Wenn er auftaucht, warnt er Sie vor Ärger und sagt Ihnen, dass Sie vorsichtig sein müssen und nach potenziellen Verzögerungen und Schwierigkeiten Ausschau halten sollten.

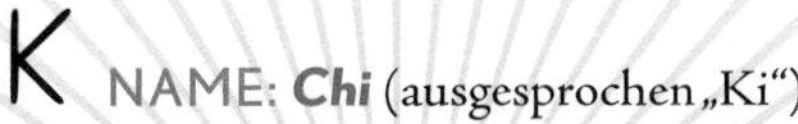

K NAME: ***Chi*** (ausgesprochen „Ki“)

Bedeutung: Konflikt, Widerstand, Hindernis – gegenseitiges Eingreifen von zwei oder mehr streitenden Parteien oder Dingen

Ziehen Sie diesen Buchstaben, kommt ein Kampf auf Sie zu. In der Du-Position steht er dafür, dass Sie oder die Person, für die Sie legen, mit Hindernissen oder Widerständen zu kämpfen haben, wenn Sie Ihr gewünschtes Ziel erreichen wollen. Für die Situation sagt er aus, dass überall um Sie herum Konflikte schwelen. Wo Lli Schwierigkeiten und Verwirrung ankündigt und Fi Widerstand und Verzögerung, ist Chi das Zeichen für eine aktive Gegenwehr. Ob diese Gegenwehr von einer speziellen Person, von gesichtslosen Mächten oder aus der Trägheit der Situation ausgeht – Sie werden kämpfen müssen.

QUELLEN FÜR DAS WAHRSAGEN

Wenn Sie kein Walisisch können oder keinen Zugang zu einigen sehr seltenen Büchern haben, gibt es nur ein gedrucktes Buch über die Coelbren – *The Coelbren Alphabet: The Lost Oracle of the Welsh Bards* – und das stammt von mir. Darin stehen weitere Informationen über die Geschichte und Bedeutung der Coelbren sowie eine Vielzahl von Legesystemen für das Orakel legen. Nicht alle Druiden verwenden Coelbren. Starken Zuspruch erfährt das Ogham (ausgesprochen Oh-am), ein irisches Symbolalphabet aus uralten Zeiten (es ist unten abgebildet). Mittlerweile gibt es viele gute Bücher über Ogham und auch verschiedene Kartensets im Handel. Es gibt sogar druidische Verbände, die Ogham auf dem Lehrplan haben.

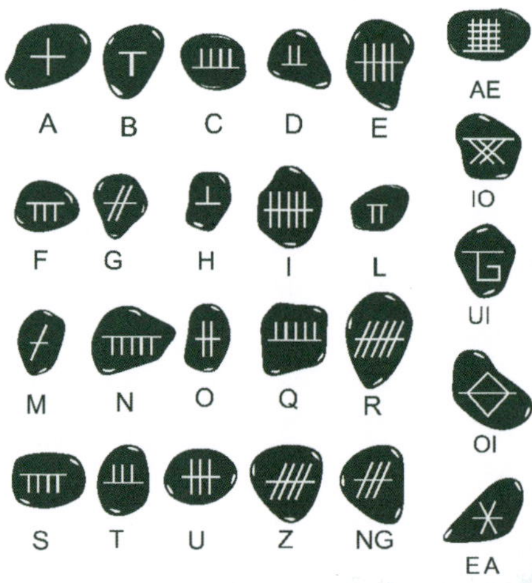

Zwei neuere Kartendecks, die sich bei modernen Druiden großer Beliebtheit erfreuen, sind *Das Keltische Tierorakel* und *Das Keltische Pflanzenorakel,* beide von Philip und Stephanie Carr-Gomm geschrieben, die mit den Tieren und Pflanzen der keltischen Tradition als Grundsymbole arbeiten. Es gibt viele weitere keltische oder druidische Orakelkarten im Handel, einige orientieren sich an Standard-Wahrsagungskarten wie Tarot oder Lenormand. Andere haben ihre eigenen Muster. Erwägen Sie auf Ihrem persönlichen Weg des Druiden, die eine oder andere Methode auszuprobieren, um zu sehen, mit welchen Sie gut zurechtkommen.

KAPITEL 11

Ritual

WIE BEREITS WEITER VORNE IM BUCH erwähnt, sind Beobachtung, Meditation und Wahrsagen, also die Praktiken, die wir besprochen haben, (auf ihre Weise) Arten des Zuhörens. Beobachtung ist die Kunst, dem Einen Leben in der Natur zuzuhören, beim Meditieren hören wir dem Einen Leben in Lehren und Symbolen zu und beim Wahrsagen hören wir dem Einen Leben durch die Macht der Intuition direkt zu. Im Druidentum kommt dem Erlernen dieser unterschiedlichen Arten zuzuhören große Bedeutung zu.

Den Ausgleich für diese rezeptiven Praktiken stellt die aktive Seite des Druidentums dar, die besonders in Ritualen Ausdruck findet. Ross Nichols, der einflussreichste druidische Denker des 19. Jahrhunderts, definierte die Kunst der Riten knackig in einem einzigen Satz: „Rituale sind die Gedichte in der Welt des Handelns." Gedichte sind eine symbolische Form der Sprache – sie bedeuten

mehr, als sie sagen und vermitteln Dinge, die normale Sprache nicht kann. Auf dieselbe Art sind Rituale eine symbolische Form des Handelns. Was sie bedeuten, ist wichtiger als das, was sie tun.

Man könnte Rituale als Kunstvorführungen ansehen, wie Musik oder Theater. In einem entscheidenden Punkt sind sie jedoch anders, denn im Ritual sind Ausführende und Publikum ein und dieselbe Person oder Personen. Einer der Gründe, warum Rituale heute so vernachlässigt werden, ist, dass zu viele Ausübende sich nicht daran gehalten haben und Rituale erfanden, bei denen die meisten Menschen zu passiven Zuschauern werden, die jemandem bei etwas zusehen. Beim druidischen Ritual hingegen gibt es keine Zuschauer. Alle Anwesenden übernehmen mindestens einen kleinen aktiven Teil.

Die drei Rituale in diesem Buch sind dafür gemacht, dass Sie sie für sich durchführen. Das erste, das Ritual der Drei Strahlen, gilt dem Segen und Schutz, Sie können es durchführen, wann immer Sie möchten. Mit dem zweiten, dem Ritual des Druidenhains, lässt sich ein heiliger Ort für einen bestimmten Zweck erschaffen. Wenn die Arbeit dort getan ist, wird er wieder in seinen normalen Zustand zurückversetzt. Das Ritual umschließt auch das Ritual der Drei Strahlen. Das dritte ist ein Ritual der Selbstinitiation, mit dem Sie Ihre druidische Reise beginnen können. Darin enthalten sind die beiden anderen Rituale. Weil jedes Ritual in dem komplizierteren Ritual, das ihm nachfolgt, enthalten ist, kann die Kunst der druidischen Rituale Schritt für Schritt erlernt werden.

RITUALE UND FANTASIE

Um die Rituale der Druiden verstehen zu können, muss man wissen, dass die äußeren Worte und Handlungen nur ein Teil – und nicht der wichtigste Teil

– der rituellen Arbeit sind. Der andere Teil geschieht im Geist der Person oder Personen, die das Ritual durchführen. Sie können alle Handlungen korrekt ausführen, alle Worte richtig sagen und dennoch kein Ergebnis erzielen, wenn Sie die innere Dimension auslassen, aus der die Kraft stammt. Vergleichbar wäre es, wenn Sie sich auf den Fahrersitz eines Autos setzen, den Schlüssel drehen, aber vergessen haben, zu tanken!

Der Treibstoff für druidische Rituale, damit sie in Gang kommen und etwas auslösen, ist unsere Vorstellungskraft. Heute wird der Fantasie viel weniger Respekt gezollt, als ihr zusteht. Denken Sie mal daran, wie viele Menschen das Wort „fantasievoll" benutzen, wenn sie „unwirklich" meinen. Tatsächlich aber ist das, das wir uns vorstellen, auf eigene Art wirklich und kann sogar genauso stark und wichtig sein. Wenn Sie Schritte hören, die auf Ihre Haustür zusteuern und Sie vermuten, es könnte ein Dieb sein, der Ihre Tür aufbricht und Sie mit einer Waffe bedroht, reagieren Geist und Körper genauso stark auf diese Vorstellung, wie sie es bei dem echten Dieb machen würden. Wenn Sie sich jedoch vorstellen, dass die Schritte zu Ihrer Liebsten gehören, sind die Reaktion von Körper und Geist genau so stark, aber es fühlt sich natürlich anders an!

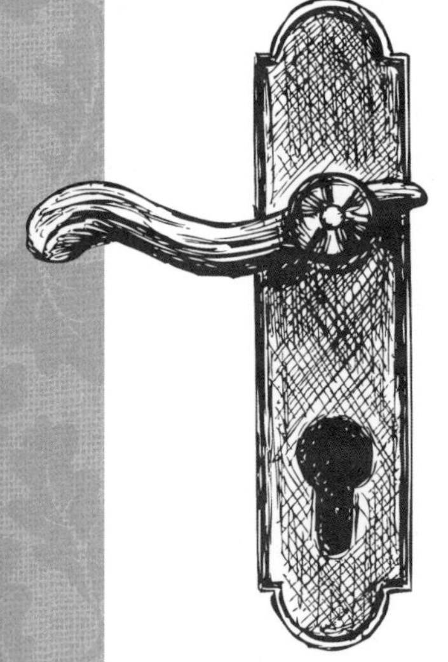

Unsere Vorstellung formt unsere Erfahrungen mit der Welt und es formt, wie wir uns selbst erfahren und zu wem wir werden. Sie verleiht Ritualen die Kraft und diese Kraft ist ein Werkzeug der Druiden.

Wenn Sie Ihre ersten Rituale durchführen, denken Sie daran, dass Menschen die Fantasie unterschiedlich erleben. Gehen Sie nicht davon aus, dass Sie das, was Sie sich vorstellen, wie einen Kinofilm in Ihrem Kopf sehen. (Manche besitzen zwar diese Fähigkeit, die meisten von uns allerdings nicht.) Wenn Sie Schwierigkeiten haben, etwas mit Ihrem inneren Auge zu sehen, stellen Sie sich vor, es tatsächlich zu sehen. Viele Menschen helfen sich, indem sie weitere Sinne aktivieren und sich vorstellen, wie etwas klingen, sich anfühlen oder sogar riechen würde. Statt Ihre Vorstellungskraft nach einem willkürlichen Standard zu bewerten, probieren Sie einfach unterschiedliche Ansätze aus, alternative Wege, Ihre Fantasie zu benutzen, und schauen Sie, was am besten für Sie ist.

DAS RITUAL DER DREI STRAHLEN

Dies ist das elementarste der Rituale in diesem Buch und Bestandteil der anderen Rituale, die Sie hier durcharbeiten. Alles, was Sie dafür benötigen, sind Sie selbst und einen Raum oder privaten Ort, der groß genug ist, damit Sie sich dort mit ausgestreckten Armen im Kreis drehen können, ohne sich zu stoßen. Sie müssen wissen, wo die Himmelsrichtungen liegen – vielleicht lesen Sie die Information von einer Landkarte oder aus dem Internet oder Sie verwenden einen preisgünstigen Kompass, wie Camper und Wanderer ihn verwenden. (Viele Druiden nehmen einen mit auf ihre Reisen, damit sie auch in unbekannten Gebieten wissen, wohin sie gehen müssen.)

Das Ritual wird folgendermaßen ausgeführt:

ERSTER SCHRITT: Stellen Sie sich in die Mitte des Raums und schauen nach Osten. Stellen Sie sich vor, dass die Sonne hoch über Ihnen steht und ihre Strahlen direkt auf Sie herabschickt. Nehmen Sie bewusst die Erde unter sich wahr, erleuchtet von den Sonnenstrahlen. Wenn Sie sich beides so deutlich wie möglich vorgestellt haben, atmen Sie tief ein und stellen sich dabei einen Strahl goldenen Lichts vor, der aus dem Herzen der Sonne heraus strahlt, durch Sie durch und geradewegs bis zum Herzen der Erde.

ZWEITER SCHRITT: Lassen Sie dieses Bild wieder los und strecken den Zeigefinger Ihrer rechten Hand nach Osten, halten Sie Ihren Arm dabei gerade nach vorne gestreckt. Sagen Sie laut: „Möge der Osten durch die drei Lichtstrahlen gesegnet werden." Dann ziehen Sie das Symbol der Drei Lichtstrahlen in die Luft, als ob Sie es mit der Fingerspitze malen würden. Ziehen Sie den linken Strahl zuerst, dann den rechten, dann den mittleren, wie im Bild unten.

Dabei stellen Sie sich vor, wie aus jeder Spur ein Strich goldenen Lichts wird, das Sie in die Luft vor sich malen.

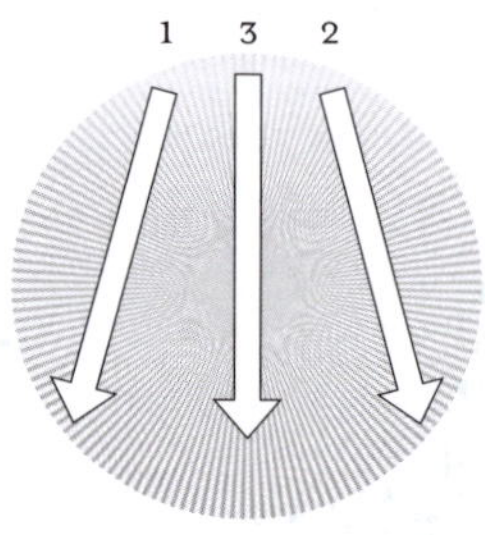

DRITTER SCHRITT: Strecken Sie den rechten Zeigefinger mit gestrecktem Arm wieder nach Osten. Drehen Sie sich langsam nach Süden und stellen sich dabei vor, dass Ihr Finger eine Linie aus goldenem Licht nachzieht. Wenn Ihr Finger nach Süden zeigt, ziehen Sie wie vorher in den Osten die drei Lichtstrahlen in den Süden und stellen sich wieder vor, dass Ihr Finger Linien aus goldenem Licht zieht. Sagen Sie laut: „Möge der Süden durch die drei Lichtstrahlen gesegnet werden."

VIERTER SCHRITT: Wiederholen Sie den dritten Schritt, drehen sich aber nach Westen und stellen sich vor, dass Ihr Finger eine Linie goldenen Lichts in die Luft zieht, während Sie sich drehen und die drei Lichtstrahlen malen. Sagen Sie laut: „Möge der Westen durch die drei Lichtstrahlen gesegnet werden."

FÜNFTER SCHRITT: Noch einmal wiederholen Sie den Ablauf der ersten drei Richtungen, wenn Sie sich nach Norden drehen. Sagen Sie laut: „Möge der Norden durch die drei Lichtstrahlen gesegnet werden."

SECHSTER SCHRITT: Drehen Sie sich wieder so, dass Sie nach Osten gucken und stellen sich vor, dass Ihr Finger eine Linie zieht, die an dem Punkt endet, an dem Sie angefangen haben. In Ihrer Vorstellung stehen Sie nun in einem Kreis goldenen Lichts, das um Sie herumschwebt, in

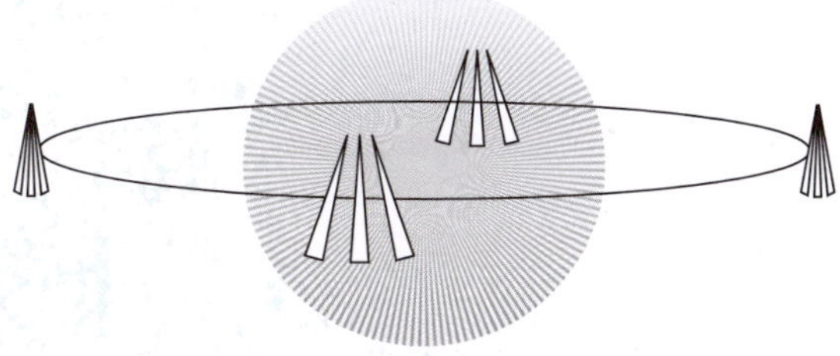

jeder Himmelsrichtung steht das Symbol der drei Lichtstrahlen, wie in der Abbildung der vorigen Seite.

SIEBTER SCHRITT: Halten Sie Ihre Arme nach außen und unten, sodass Arme und Körper das Symbol der drei Lichtstrahlen bilden. Chanten Sie das heilige Wort der Tradition des Druid Revival, AWEN. Sprechen Sie es in drei Silben aus, AH-UU-WEN. Bei AH seien Sie sich des Himmels bewusst, des Sonnenscheins bei Tag, des Glanzes der Sterne bei Nacht. Bei UU spüren Sie die Erde unter sich. Und bei WEN sind Sie ganz bei sich, wie Sie zwischen Erde und Himmel stehen, ein kleines Teilchen in einem riesigen Universum. Haben Sie das Wort ausgesprochen, senken Sie die Arme und lassen das Bild los. Das Ritual der drei Lichtstrahlen ist vollendet.

So einfach dieses Ritual auch ist, steckt doch viel Symbolik darin. Das Eine Leben, die zwei Ströme, die drei Lichtstrahlen und die vier Elemente gehören dazu. Auch drei Buchstaben der Coelbren! Das große Wort Awen wird traditionell Λ Ѵ И, AWN, geschrieben und wenn Sie über A als Symbol für den Himmel meditieren, über W als Symbol für die Erde und Ni als Symbol für Sie, werden Sie tiefere Einblicke in das Ritual, in die Coelbren-Buchstaben und das Universum, in dem wir leben, erhalten.

Üben Sie das Ritual der drei Lichtstrahlen regelmäßig, bis Sie es auswendig können, ohne zwischendurch ins Buch oder auf einen Spickzettel sehen zu müssen. Sie können es einmal wöchentlich durchführen. Einmal am Tag schadet aber auch nicht. Viele Druiden finden, dass es guttut, das Ritual direkt vor der Meditation zu verrichten, damit sie in einem durch die Kraft der Fantasie gesegneten und geschützten Ort meditieren können. Wenn Sie das Ritual sicher beherrschen, beginnen Sie, das Ritual des Druidenhains zu lernen.

DAS RITUAL DES DRUIDENHAINS

In der Tradition des Druid Revival wird ein Ort, an dem sich Druiden für ihre Rituale treffen, Hain genannt. Ursprünglich war der Name wörtlich zu nehmen. Zu den Dingen, die die griechischen und römischen Reisenden in der Antike über die alten Druiden aufgezeichnet haben, ist, dass sie zumindest einige ihrer Zeremonien in Hainen abgehalten haben. Im Verlauf der modernen druidischen Entwicklung dehnte sich der Begriff auch auf andere Örtlichkeiten aus. Heute heißen alle Orte, ob mit oder ohne Bäumen, drinnen oder draußen, Haine, wenn sich dort Druiden treffen, und lokale Druiden-Gruppen verwenden ihn gerne als Bestandteil ihres Namens.

Der Hain, den Sie mit diesem Ritual errichten, wird Ihr eigener Druidenhain sein, ein heiliger Ort, an dem Sie verschiedene rituelle Handlungen vornehmen können, vor allem Ihre Selbstinitiation zum Druiden. Sie brauchen dafür etwas mehr Platz als für das Ritual der drei Lichtstrahlen: In der Mitte soll ein Stuhl stehen, um den Sie herumlaufen können müssen, ohne an etwas zu stoßen.

Sie brauchen außerdem vier kleine Schüsseln oder Kessel: Kleine Keramikschalen eignen sich genauso gut wie Messingkessel derselben Größe, wie man sie in vielen Importläden kaufen kann. Sie werden Symbole der vier Himmelsrichtungen sein. Vor dem Ritual füllen Sie eine Schale halbvoll mit Wasser, eine zweite Schale halbvoll mit trockener Erde oder kleinen Steinchen. Wenn es die Umstände erlauben, dass Sie Feuer verwenden, können Sie etwas Sand in die dritte Schüssel füllen, um Räucherwerk sicher darauf abbrennen zu können, am besten Räucherkegel oder kurze Räucherstäbchen. (Lange Stäbchen neigen zum

Umfallen.) In die vierte Schüssel – wenn Sie Feuer integrieren können – stellen Sie eine Votivkerze. Wenn Sie kein offenes Feuer anzünden können, kann die dritte Schale oder der Kessel ein Potpourri aus aromatisierten, trockenen Blumen und Kräutern enthalten, die vierte einen Kristall, der das Licht repräsentiert. Platzieren Sie die vier Schalen oder Kessel um Ihren Arbeitsbereich herum, wie das Bild auf der gegenüberliegenden Seite zeigt. Die Schale mit Räucherwerk oder Potpourri in den Osten, die Schale mit Feuer oder dem Kristall in den Süden, die Schale mit Wasser in den Westen und die Schale mit Erde oder Steinchen in den Norden. (Im Ritual, wie Sie vermutlich schon erraten haben, werden sie die Kessel der Luft, Kessel des Feuers, Kessel des Wassers und Kessel der Erde genannt.) Wenn Sie in Ihrem Hain meditieren oder etwas anderen tun möchten, das am besten im Sitzen erfolgt, sollte der Stuhl etwas in den Westen des Kreises gerückt werden, nach Osten gewendet. Wenn alles an seinem Platz ist, zünden Sie Räucherwerk und Kerze an, sofern Sie sie benutzen, und beginnen Sie.

Den Hain eröffnen

Das Ritual zum Eröffnen des Hains wird so durchgeführt:

ERSTER SCHRITT: Sie stehen in der Mitte Ihres heiligen Ortes – genau vor dem Stuhl, wenn Sie einen benutzen – und sehen nach Osten. Nehmen Sie sich einen Moment, um einen klaren Geist zu bekommen. Dann sagen Sie laut: „Im Beisein der Mächte der Natur mache ich mich bereit, einen Druidenhain zu eröffnen. Ich verkünde in allen vier Himmelsrichtungen Frieden."

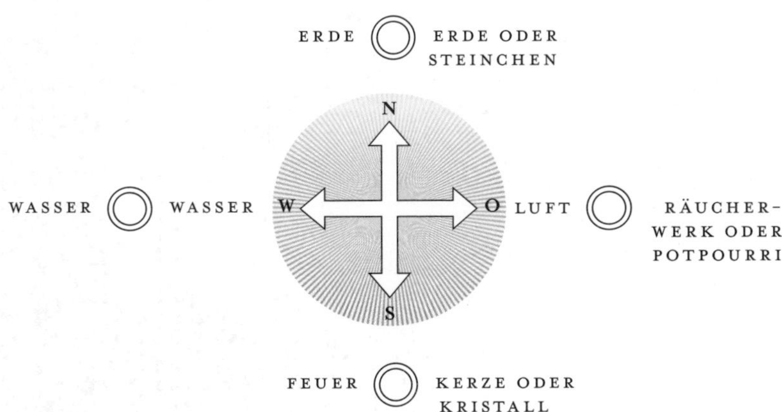

ZWEITER SCHRITT: Drehen Sie sich nach Süden, schauen Sie nach Süden, heben die Hand zum Gruß und sagen „Möge im Süden Frieden herrschen." Drehen Sie sich nach Westen, machen dasselbe und sagen „Möge im

Westen Frieden herrschen." Dasselbe im Norden. Dort sagen Sie „Möge im Norden Frieden herrschen." Drehen Sie sich nach Osten, kehren Sie zur Mitte zurück und blicken gen Osten.

Den Frieden in allen Himmelsrichtungen zu verkünden, ist traditionell der erste Schritt in druidischen Ritualen und kommt in den Zeremonien verschiedenster Druiden-Gruppierungen vor. In Wales war es im Mittelalter streng verboten, die Waffe gegen eine Gruppe von Barden zu ziehen. Die Verkündung des Friedens sollte anzeigen, dass dieses Gesetz galt. Unter den heutigen Druiden soll die Verkündung bewirken, dass alle Anwesenden ablenkende Gedanken oder aufwühlende Gefühle zur Seite schieben und Gedanken und Bemühen auf das Ritual richten, das durchgeführt werden soll.

DRITTER SCHRITT: Jetzt folgt das komplette Ritual der drei Lichtstrahlen. Anstatt sich auf der Stelle zu drehen, wenn Sie die Linien ziehen, gehen Sie zum östlichen Rand des Arbeitsbereichs, ziehen dort die drei Strahlen und laufen dann außen am Kreis entlang nach Süden, Westen, Norden und zurück in den Osten und ziehen die Linien des Kreises um den Ort herum, wo Sie das Ritual durchführen werden. Kehren Sie danach in die Mitte zurück. Alles, was von nun an geschieht, soll in dem Kreis stattfinden.

VIERTER SCHRITT: Gehen Sie nach Osten und heben den Kessel der Luft hoch. Drehen Sie sich nach Osten und halten den Kessel wie ein Geschenk, sagen Sie dabei: „Lass diesen Hain und alles, was darin ist, gesegnet und beschützt sein durch das Element Luft." Dann gehen Sie langsam mit dem Kessel um den Ort herum und stellen sich vor, dass eine frische Brise Sie dabei umweht, die den Ort reinigt und beschützt. Setzen Sie den Kessel der Luft nach Ihrer Runde im Osten ab.

FÜNFTER SCHRITT: Gehen Sie nach Süden, nehmen Sie den Kessel des Feuers. Wenden Sie sich nach Süden und halten ihn wie ein Geschenk, sagen Sie: „Lass diesen Hain und alles, was darin ist, gesegnet und beschützt sein durch das Element Feuer." Gehen Sie langsam mit dem Kessel im Kreis um den Ort und stellen sich vor, dass Flammen um Sie herum lodern, reinigend und beschützend. Setzen Sie den Kessel der Luft danach im Süden ab.

SECHSTER SCHRITT: Gehen Sie nach Westen und heben den Kessel des Wassers hoch. Wenden Sie sich nach Westen und halten den Kessel wie ein Geschenk, sagen Sie dabei: „Lass diesen Hain und alles, was darin ist, gesegnet und beschützt sein durch das Element Wasser." Dann gehen Sie langsam mit dem Kessel im Kreis um den Ort herum und stellen sich vor, dass dabei Regen herabfällt, der den Ort reinigt und beschützt. Setzen Sie den Kessel des Wassers nach Ihrer Runde im Westen ab.

SIEBTER SCHRITT: Gehen Sie nach Norden und heben den Kessel der Erde hoch. Drehen Sie sich nach Norden und halten den Kessel wie ein Geschenk, sagen Sie dabei: „Lass diesen Hain und alles, was darin ist, gesegnet und beschützt sein durch das Element Erde." Dann gehen Sie langsam mit dem Kessel im Kreis um den Ort herum und stellen sich vor, dass der Geruch von üppiger, frisch umgegrabener Erde aufsteigt, der den Ort reinigt und beschützt. Setzen Sie den Kessel der Erde nach Ihrer Runde im Norden ab.

ACHTER SCHRITT: Sie stehen wieder in der Mitte und wenden sich nach Osten. Sprechen Sie das Druidengebet von Seite 158. Sie können gerne die Wörter „Oh Geist" in der ersten und letzten Zeile und überall dort, wo es im Ritual des Druidenhains vorkommt, durch den Namen der Gottheit ersetzen, die Sie anbeten, wenn Sie eine bestimmte Religion ausüben, so könnten christliche Druide das Gebet mit „Gewähre, Oh Gott …“ oder „Gewähre, Oh Jesus Christus …“, neu-heidnische Druiden sagen häufig „Gewährt, oh Götter und Göttinnen …“ oder „Gewährt, oh heilige Mächte …“ Das Gebet lautet:

„Gewähre, oh Geist, deinen Schutz,
Und mit deinem Schutz Kraft,
Und mit der Kraft Verstehen,
Und mit dem Verstehen Wissen,
Und mit dem Wissen, das Wissen um Gerechtigkeit,
Und mit dem Wissen um Gerechtigkeit die Liebe dafür,
Und mit der Liebe für alles, was existiert, die
Liebe des Geists und die Güte.“

NEUNTER SCHRITT: Halten Sie inne und sagen dann laut: „Im Beisein des Geistes und den Mächten der Natur erkläre ich diesen Druidenhain als eröffnet.“ Damit ist das Eröffnungsritual abgeschlossen und Sie können dazu übergehen, im offenen Hain zu machen, was Sie geplant haben.

Den Hain schließen

Wenn Sie Ihre Arbeit im Hain erledigt haben, sollten Sie ihn immer schließen. Das Ritual dafür ist Folgendes:

ERSTER SCHRITT: In der Mitte des Hains sagen Sie laut nach Osten: „Im Beisein der Mächte der Natur bereite ich die Schließung des Druidenhains vor.“

ZWEITER SCHRITT: Gehen Sie nach Osten und heben mit beiden Händen den Kessel der Luft hoch. Nach Osten schauend halten Sie ihn wie ein Geschenk und sagen laut „Ich danke dem Element Luft für seinen Segen und seinen Schutz." Stellen Sie sich vor, wie das Element Luft im Osten wirbelt. Dann setzen Sie den Kessel ab. Sie brauchen ihn nicht einmal herumzutragen.

DRITTER SCHRITT: Gehen Sie nach Süden und heben mit beiden Händen den Kessel des Feuers. Nach Osten gewandt halten Sie ihn und sagen laut „Ich danke dem Element Feuer für seinen Segen und seinen Schutz." Stellen Sie sich vor, wie das Element Feuer im Süden lodert und setzen den Kessel ab.

VIERTER SCHRITT: Gehen Sie nach Westen und heben mit beiden Händen den Kessel des Wassers hoch. Nach Osten schauend halten Sie ihn wie ein Geschenk und sagen laut „Ich danke dem Element Wasser für seinen Segen und seinen Schutz." Stellen Sie sich vor, wie das Element Wasser im Westen fließt und plätschert. Dann setzen Sie den Kessel ab.

FÜNFTER SCHRITT: Gehen Sie nach Norden und heben mit beiden Händen den Kessel der Erde hoch. Nach Osten schauend halten Sie ihn wie ein Geschenk und sagen laut „Ich danke dem Element Erde für seinen Segen und seinen Schutz." Stellen Sie sich das Element Erde im Osten stark und fest vor. Dann setzen Sie den Kessel ab.

SECHSTER SCHRITT: Stellen Sie sich in die Mitte, Blick nach Osten und sagen laut „So, wie dieses Werk in Frieden begann, so soll es auch enden. Im Beisein des Geistes und den Mächten der Natur erkläre ich diesen Druidenhain für geschlossen." Das Ritual des Schließens ist beendet.

Wie bereits beim Ritual der drei Lichtstrahlen, sind auch hier viel Symbolik und druidische Lehren eingeflochten, Lernen und Meditation zahlen sich nun aus – und natürlich regelmäßige Durchführung. Es ist wichtig, dass Sie das Ritual flüssig und auswendig ausführen können, ohne ins Buch oder auf einen Spickzettel schauen zu müssen, bevor Sie mit dem Ritual der Selbstinitiation beginnen, das Sie weiter unten finden.

RITUALE FÜR ZWEI ODER MEHR

Wenn Sie Menschen kennen, die ebenso an der Ausübung des Druidentums interessiert sind, haben Sie vielleicht den Wunsch, das ab und an gemeinsam zu tun. Drei Dinge werden Ihnen dabei helfen, das meiste aus der Gruppenarbeit herauszuholen. Zunächst sollte jeder auswendig die Einzelversion des Rituals kennen und diese auch immer weiter üben, um die Fähigkeiten weiterzuentwickeln. Zweitens sollten die Rituale in etwa gleichgroße Teile geteilt werden, damit jeder einen Teil übernehmen kann und niemand zum Zuschauer wird, der den anderen nur zusehen kann. Drittens hilft es, das Ritual als Gruppe vorab locker durchzuspielen, damit jeder weiß, was er und wann zu tun hat, bevor das Ritual für einen anderen Zweck verwendet wird.

Ein Beispiel soll das veranschaulichen. Nehmen wir an, Sie und eine andere Person beschließen, gemeinsam Rituale durchzuführen. Sie beide sollten das Ritual der drei Lichtstrahlen und das Ritual des Druidenhains üben, bis Sie es auswendig beherrschen. Teilen Sie die Arbeit unter sich auf. Bei zwei Personen beispielsweise funktioniert es gut, wenn eine Person alles ausführt, was in der Mitte des Arbeitsfeldes passiert, die andere alles, was am Rand geschieht. Es ist immer eine gute Idee, die Aufgaben abwechselnd zu verteilen: Wer letztes Mal in der Mitte stand, geht nun den Kreis ab und andersherum. Gehen Sie die Rituale einige Male vorher mit wechselnden Aufgaben durch, dann sollten Sie für eine effektive Zusammenarbeit bereit sein.

Und wenn mehr als zwei Personen beteiligt sind? Dann gilt dieselbe Vorgehensweise. Wenn Sie beispielsweise fünf Freunde sind, die den Pfad des Druiden gemeinsam gehen möchten, kann eine Person die Ritualteile in der Mitte durchführen und die anderen vier kümmern sich jeweils um eine Richtung und ein Element. Beim Ritual der drei Lichtstrahlen, stellt sich die Person in der Mitte die Sonne vor und hält diese Vision das ganze Ritual über. Die Person im Osten zieht die drei Strahlen und spricht die Worte zum Osten. Die Person im Süden läuft in den Osten und zieht die Linie über ein Viertel des Kreises zum Süden, zieht die drei Strahlen und spricht die Worte zum Süden. Die Person im Westen wiederholt das für den Westen, ebenso die Person im Norden. Schließlich geht die Person im Osten zum Norden und vervollständigt die Linie vom Norden aus in den Osten. Und auch hier ist es gut, die Aufgaben immer wieder neu zu vergeben, damit sich jeder in jedem Teil des Rituals zurechtfindet und damit alle mit jedem Element arbeiten.

Denken Sie daran, dass es Wörter gibt, die an Macht gewinnen, wenn sie von mehreren gesprochen werden. Das heilige Wort Awen etwa sollte immer von allen am Ritual beteiligten Personen gechantet werden. Das Druidengebet wird traditionell aufgesagt, wenn mehrere Druiden das Ritual gemeinsam durchführen und auf eine spezielle Art, die Einzel- und Gruppenrezitation kombiniert. Eine Person beginnt, die Worte in Schwarz werden von allen Anwesenden gemeinsam wiederholt:

„Gewähre, oh Geist, deinen Schutz,
Und mit deinem Schutz ***Kraft,***
Und mit der Kraft ***Verstehen,***
Und mit dem Verstehen ***Wissen,***
Und mit dem Wissen ***das Wissen um Gerechtigkeit,***
Und mit dem Wissen um Gerechtigkeit ***die Liebe dafür,***
Und in dieser Liebe ***die Liebe für alles, was existiert,***
Und mit der Liebe für alles, was existiert, ***die***
Liebe des Geists und die Güte."

Alles, was gemeinsam gesprochen wird, sollte etwas langsamer als sonst gesagt werden, damit auch wirklich zusammen ausgesprochen wird. Wenn Sie das als Gruppe einige Male üben, wird es Ihnen leichtfallen.

DIE ARBEIT IM DRUIDENHAIN

Wenn Sie die Rituale der drei Lichtstrahlen und des Druidenhains auswendig beherrschen, dann stehen Ihnen damit Rituale zur Verfügung, die Sie bei vielen Gelegenheiten verwenden können, entweder allein oder gemeinsam mit anderen. Zu den Dingen, die Druiden zwischen Öffnung und Schließen des Hains machen, gehören diese:

Die Jahreszeitenfeiern

Die meisten Druiden feiern vier oder acht Feste im Jahr: entweder die zwei Sonnenwenden und zwei Tagundnachtgleichen oder diese plus die „Vierteljahrstage" Lichtmess, 1. Mai, Lammas und Allerheiligen. Die komplette Auflistung sehen Sie in der Tabelle. (Die Daten gelten für die nördliche Halbkugel.)

DATUM	ALLGEMEINER NAME	WALLISISCHER NAME	AUSSPRACHE	WEITERER NAME
21. DEZ.	Wintersonnenwende	Alban Arthan	AL-ban AR-tan	–
2. FEB.	Lichtmess	Calan Myri	CAH-lan MIH-rie	Imbolc
21. MÄRZ	Frühjahrstagundnachtgleiche	Alban Eilir	Al-ban El-lier	–
1. MAI	Maitag	Calan Mai	CAH-lan MAI	Beltane
22. JUNI	Sommersonnenwende	Alban Hefin	AL-ban HEW-in	–
1. AUG.	Lammas	Calan Gwyngalaf	CAH-lan Gwin-gal-af	Lughnasadh
22. SEP.	Herbsttagundnachtgleiche	Alban Elfed	AL-ban EL-wed	–
1. NOV.	Allerheiligen	Calan Tachwedd	CAH-lan TAK-wett	Samhain

Viele Druidenorganisationen halten an diesen Tagen Hain-Treffen ab und führen ein Ritual, eine Gruppenmeditation oder etwas anderes durch, um den Wandel der Jahreszeiten zu feiern. Einige Gruppen führen dann gerne komplizierte, vorgezeichnete Rituale mit vielen Requisiten und symbolischen Reden auf, andere mögen schlichte und spontane Aktivitäten.

Wenn Sie das Ritual der Selbstinitiation absolviert haben, das den Beginn Ihrer Reise auf dem Pfad der Druiden markiert, können Sie diese Hain-Zeremonie als Rahmen für Ihre eigenen Jahreszeitenfeiern verwenden. Diese können so einfach oder so kompliziert sein, wie Sie sie gestalten. Auf der Seite der unkomplizierten Feiern findet sich etwa, dass Sie in den Wochen vor einen Druidenfeiertag zwei oder drei Gedichte oder einen kurzen Prosatext auswählen, die zu der Jahreszeit passen. Wenn Sie Ihren Hain eröffnet haben, lesen Sie sie laut vor, eins nach dem anderen, und meditieren über die Jahreszeit, die nun beginnt, und welche Lektionen sie uns lehrt. So ruhig und einfach diese Ausführung ist, werden Sie feststellen, dass es Sie mit seiner Bedeutung sehr bewegt und es Ihr Erleben der Jahreszeiten stark verbessern kann, aber auch Ihre Arbeit als Druide.

Das Studium des Druidentums

Häufig wird empfohlen, dass Schüler wöchentlich einen Hain eröffnen und darin eine Lektion oder aus einem Buch über Druidentum lesen, um hinterher darüber zu meditieren. Dieses Verfahren ist es wert, ausprobiert zu werden. Viele Druiden wenden es regelmäßig an. Der Verstand ist im heiligen Raum eines rituell eröffneten Hains offener für die Einflüsse des Geistes. Wenn Sie einer Druidenorganisation beitreten, die mit schriftlichen Lektionen arbeitet, verwenden Sie die als Fokus dieser Art

Arbeit. Wenn Sie dem Druidenpfad allein folgend möchten, wählen Sie einfach ein Buch über die Philosophie der Druiden oder druidische Lehren aus und lesen einmal in der Woche ein paar Seiten in einem eröffneten Hain. Sie werden überrascht sein, wie viel Sie auf diese Weise lernen.

Der Einsatz der Vorstellungskraft

Dieser Teil ist für viele spirituelle Pfade sehr wichtig, denn Ihre Fantasie hat ein Potenzial, das die meisten Menschen niemals erforschen oder sogar bemerken. Wie schon erwähnt, ist es heute leider so, dass viele vergessen haben, dass die Fantasie der Ausgangspunkt menschlicher Handlungen ist. Und dass alles, was Menschen jemals getan oder geschaffen haben, vorher in der Vorstellung eines Menschen gewachsen ist, bevor es in der Welt der Materie Gestalt annehmen konnte. Die Arbeit mit Ihrer Fantasie bringt Sie in Kontakt mit der Quelle von Kreativität und Erfindungsgeist, mit dem Brunnen Ihres persönlichen Awen.

Daher räumen sich Druiden regelmäßig Zeit ein, in der Sie mit ihrer Vorstellungskraft arbeiten. Eine der verbreitetsten Methoden ist die Eröffnung eines Druidenhains mit dem Ritual, das Sie gerade kennengelernt haben, wobei Sie den Stuhl in der Mitte nicht vergessen dürfen.

Haben Sie das Ritual abgeschlossen, setzen Sie sich und gehen durch die Schritte wie für eine Meditation: Entspannen Sie Ihren Körper und atmen Sie einige Minuten den Vierfachen Atem. Dann konzentrieren Sie sich nicht auf ein Thema, sondern stellen sich vor, dass Sie in einer Lichtung mitten im Wald stehen. Hohe Bäume ragen empor, aber über sich können Sie den Himmel sehen. Nehmen Sie sich Zeit, die Szene so deutlich wie möglich zu sehen. Welche Baumarten stehen dort? Ist der Himmel klar oder bewölkt,

welche Tageszeit ist es? Stellen Sie sich vor, Sie stehen auf und gehen über die Lichtung. Nehmen Sie die Gerüche des Waldes auf, spüren Sie den Boden unter Ihren Füßen und hören Sie den Wind durch die Blätter rascheln.

Die Lichtung ist Ihr privater Druidenhain im Reich der Fantasie. Sie können dorthin gehen, wann immer Sie wollen, indem Sie auf einem Stuhl sitzend den ersten Teil des Rituals des Druidenhains durchführen und sich dort hindenken. Haben Sie Ihren Hain bereits mehrere Male besucht, kann die Fantasiearbeit losgehen: Treffen Sie imaginäre Menschen und Wesen im Hain oder gehen Sie auf imaginäre Reisen, die dort ihren Anfang und ihr Ende haben.

Um sich mit Fantasiemenschen im Hain zu treffen, führen Sie das Eröffnungsritual durch und gehen dorthin. Sehen Sie, wie die Person, die Sie treffen möchten, aus dem Wald auf Sie zukommt, um Sie zu begrüßen. Vielleicht haben Sie gerade die Legenden über König Artus studiert und darüber meditiert und möchten Merlin treffen. Dann stellen Sie ihn sich vor, wenn Sie in Ihrem Hain sind – so deutlich, wie Sie können. Achten Sie auf die Form seines Gesichts und die Hände, die Farbe und den Schnitt seiner Haare und seines Barts, die Kleidung, die er trägt und so weiter. Begrüßen Sie ihn wie einen realen Menschen und führen Sie ein imaginäres Gespräch mit ihm. Sie werden erstaunt sein, was er zu sagen hat!

Eins der Geheimnisse der kreativen Fantasie ist, dass die Figuren, die Sie erdenken, sich häufig so benehmen, als hätten sie ein Eigenleben. Da die Fantasie mit dem Unterbewusstsein verbunden ist, wissen sie vielleicht Dinge, die Sie vergessen haben oder von denen Ihnen nicht klar war, dass Sie sie wissen. (Viele Romanautoren setzen ihre Fantasie genau auf die Art ein, um ihre Figuren lebensecht und interessant wirken zu lassen.)

Danken Sie ihm für das Gespräch und verabschieden sich. Warten Sie, bis er zurück in den Wald gegangen ist, bevor Sie aus Ihrem imaginären Hain zurückkommen und das Ritual der Schließung durchführen.

Um eine Fantasiereise anzutreten, beginnen Sie auf dieselbe Weise. Aber statt dass Sie sich vorstellen, dass jemand kommt und Sie begrüßt, denken Sie an einen Pfad, der durch den Wald vom Hain wegführt. Sehen Sie sich selbst, wie Sie vom Stuhl aufstehen und auf dem Pfad aus dem Hain hinaustreten. Folgen

Sie dem Pfad, wie Sie das in der materiellen Welt machen würden. Stellen Sie sich die Dinge um Sie herum so klar wie möglich vor. Sie können entweder ein wenig herumwandern und dann zum Hain zurückkehren, oder Sie haben ein Ziel. Da all dies in Ihrer Vorstellung stattfindet, können Sie überall in Raum und Zeit hin. Möchten Sie in Ihrer Fantasie zum Stonehenge der alten Druiden reisen, nur los! Aber kehren Sie nach jeder Reise in Ihren Hain zurück.

Eine weitere Warnung sei hier noch ausgesprochen: Was in der Welt der Fantasie echt ist, kann Sie dazu inspirieren, etwas in der Alltagswelt zu erledigen, aber es kann ein Fehler sein, das zu schnell zu ernst zu nehmen. Ihre imaginären Unterhaltungen und Reisen, genau wie Träume und Visionen, können Ihnen Einblicke in Ihr Leben verschaffen und mehr, aber wenn Sie, was Sie dort erleben, wörtlich nehmen, könnten Sie einen Narren aus sich machen oder Schlimmeres. Erinnern Sie sich an die Vorhersagen, dass die Welt am 21. Dezember 2012 untergehen sollte? Viele derjenigen, die das behaupteten oder daran glaubten, hatten die Fähigkeit verloren, zwischen der Fantasiewelt und der normalen Welt zu unterscheiden. Einiges, was Sie in Ihrer Fantasie erleben, kann hier und jetzt geschehen, aber Sie müssen dafür sorgen, dass sie geschehen. Darum werden Bücher geschrieben, Lieder komponiert, Technologien erfunden und Organisationen gegründet. Auf die Weise merken Menschen, dass sie mit ihrem Leben nicht zufrieden sind und finden heraus, wie sie etwas anders machen können.

Und so kam auch das Druid Revival vor dreihundert Jahren ins Leben. Die Vorstellung einer druidischen Spiritualität für eine moderne Welt war der erforderliche erste Schritt zur Gründung des Revivals, aber sie war nur der erste Schritt. Die folgenden Schritte beinhalten viel lesen, meditieren, lernen von der Natur, ausführen von Ritualen, Gespräche mit anderen Menschen, das Gründen von Organisationen und vieles mehr, damit der Traum des Druid Revival wirklich werden konnte. Dieselben Schritte sind Teil der Arbeit, die auf Sie wartet, wenn Sie beschließen, Ihre Studien und die Übungen in diesem Buch bis zum Ende zu verfolgen und sich zum Druiden zu initiieren.

TEIL VIER

Initiation zum Druidentum

EINIGE RELIGIONEN UND SPIRITUELLE Richtungen gewinnen neue Mitglieder, wenn diese konvertieren, aber ich kenne niemanden, der zum Druidentum konvertiert wäre. Was stattdessen geschieht, ist, dass Menschen feststellen, dass sie von jeher Druiden gewesen sind. Manche erfahren erst etwas über Druiden, wenn sie über sie in einem Buch lesen oder mit einem Druiden sprechen und feststellen „Das ist doch genau, was ich schon immer gefühlt habe – ich wusste nur nicht, dass es ein Wort dafür gibt." Andere kommen auf ähnliche Weise zum Druidentum, finden es interessant und experimentieren ein wenig herum – ein Ritual hier, eine Meditation da, ein wenig Zeit mit der Natur – und merken nach und nach, dass all das ihr Leben bereichert und einen Unterschied macht.

Wenn eine dieser Beschreibungen auf Sie passt, könnten Sie über das Initiationsritual nachdenken, das den Beginn der Reise auf dem Pfad der Druiden markiert. Das Ritual ist nicht zwingend notwendig, um Druide zu werden, aber viele Menschen finden eine Zeremonie dieser Art lohnenswert, da es einen Wendepunkt in ihrem Leben darstellt.

An dieser Stelle sind ein paar Worte angebracht. Zunächst einmal ist bemerkenswert viel Unsinn im Umlauf über Initiationsrituale, meist von Menschen weitergegeben, die noch nie eins gesehen oder erlebt haben. Auf keinen Fall müssen Sie entsetzliche Eide schwören, böse Geister heraufbeschwören oder einen Blutschwur leisten – nicht mal mit Tinte! Ihr Ritual findet auf die Weise statt, wie wir bereits besprochen haben: „Gedicht im Reich der Handlungen", um Ross Nichols zu zitieren. Es besteht aus Worten, Handlungen und Vorstellungen, die die Art, wie Sie sich und die Welt wahrnehmen, verändern sollen. Wenn Sie religiös sind, rufen Sie gerne Ihre Gottheit während des Rituals an und bitten um Segen und Schutz für Ihre Arbeit als Druide und nehmen Sie den Namen Ihrer Gottheit, die Schriften und die Symbole Ihres Glaubens in das Ritual auf.

Der irrtümlichen Annahme, dass Initiationsrituale gruselige Schwüre an finstere Mächte enthalten, steht die gleichfalls irrtümliche Annahme entgegen, dass durch Initiationsrituale eigentümliche Kräfte übertragen werden oder das Recht, damit anzugeben, initiiert zu sein. Wenn Sie nun diese seltsamen Kräfte von dem folgenden oder einem anderen Ritual erwarten, werden Sie sehr enttäuscht sein, denn diese feinen Fähigkeiten des Geists, die all den Geschichten über Kräfte und Mächte zugrunde liegen, müssen durch stetige, geduldige Meditation und andere spirituelle Übungen entwickelt werden. Die erhält man nicht einfach so! Wenn Sie nach dem Initiationsritual damit prahlen, Druide zu sein, na, dann machen Sie sich nur lächerlich und wenn Sie nach einigen Jahren zurückblicken, werden Sie mit Schaudern daran denken, wie viele Menschen wohl herzlich über Sie gelacht haben, sobald Sie außer Hörweite waren. Druide zu sein, macht Sie nicht zu jemand Besonderem. Es bedeutet, dass Sie von nun an einer bestimmten Tradition folgen wollen – die Weisheit in der Natur zu finden.

Und eine dritte Warnung ist hier angebracht, nämlich dass viele Druidenorganisationen ihre eigenen Initiationsrituale haben, und das folgende Ritual kein Ersatz dafür ist. Als ich 1994 Druide wurde, erhielt ich die Initiation eines Barden, dem ersten von drei Graden, die der Orden der Barden, Ovaten und Druiden festgelegt hat. Für die anderen beiden musste ich mich erst qualifizieren. Als ich 2003 Mitglied des *Ancient Order of Druids in America* wurde, empfing ich die Kandidaten-Initiation, der drei weitere Initiationsgrade folgten. Dass ich bereits Druide war, sprach mich nicht davon frei, mir diese Grade verdienen zu müssen. Und wenn Sie sich dazu entschließen, einer Druidenorganisation mit eigenen Lehren und Initiationen beizutreten, werden Sie diese Lehren studieren und die Initiationen erhalten müssen, wenn Sie wirklich von der Mitgliedschaft profitieren möchten. Die Tatsache, dass Sie die Initiation gemäß diesem Buch absolviert haben, ist dafür kein Ersatz.

Wenn Sie all das verstehen, sind Sie für die Initiation zum Druiden bereit. Ihre Reise kann beginnen …

KAPITEL 12

Vorbereitung auf die Initiation

BEVOR SIE DAS RITUAL DER SELBSTINITIATION nach dieser Anleitung durchführen, müssen Sie sich mit allen Symbolen und Lehren in Teil Zwei vertraut machen, und es ist notwendig, dass Sie alle Praktiken in Teil Drei lernen und ausführen können. Wenn Sie sich lediglich durch das Ritual durchwurschteln, ohne ausreichend vorbereitet zu sein, werden Sie nichts davon haben. Wenn Sie sich jedoch die Zeit für eine ordentliche Vorbereitung nehmen, werden Sie eine nachdrückliche Erfahrung machen, die den Beginn Ihrer Reise als Druide markiert.

Planen Sie eine Vorbereitungszeit von mindestens sieben Wochen für Ihre Initiation ein. In dieser Phase sollten Sie mindestens siebenmal das Beobachten üben und sich still dorthin setzen, wo Sie die Natur sehen und ihr Ihre volle Aufmerksamkeit schenken. Innerhalb der sieben Wochen führen Sie außerdem jede der Übungen aus, die Sie in Kontakt mit den zwei Strömen

und vier Elementen bringt und meditieren mindestens einmal über das Eine Leben, über jeden der zwei Ströme, über jeden der drei Lichtstrahlen und jedes der vier Elemente. (Dazu ist ein Minimum von sechs Übungen im Freien und zehn Meditationseinheiten nötig.)

Während dieser sieben Wochen legen Sie mindestens siebenmal die Coelbren und deuten die Legung. Überlegen Sie, ob sich Ihr Verständnis für sie verbessert. In diesen sieben Wochen lernen Sie das Ritual der drei Lichtstrahlen und das Ritual des Druidenhains und führen sie durch, bis Sie sie auswendig und flüssig beherrschen, ohne zwischendurch nachzuschlagen oder zu spicken. Und schließlich erschaffen Sie irgendwann innerhalb dieser sieben Wochen Ihren eigenen Druidenhain im Reich der Fantasie, wie es auf den Seiten 166–170 beschrieben ist, und besuchen ihn so häufig, dass Sie leicht wieder von dort zurückfinden. Ein Teil des Initiationsrituals wird in ihm stattfinden.

Könnten Sie diese Minimalanforderungen für Ihre Initiation in weniger als sieben Wochen schaffen? Ja, natürlich, aber nehmen Sie sich dennoch die vollen sieben Wochen, um noch mehr zu beobachten oder zu meditieren oder wahrzusagen oder Rituale durchzuführen. Wenn Sie die Zeit und den Enthusiasmus aufbringen, dann können Sie all diese Praktiken sieben Wochen lang täglich verrichten – dadurch wird Ihre Initiation kraftvoller, und die Bedeutung tiefer.

WAS FÜR DAS RITUAL GEBRAUCHT WIRD

Für das Ritual brauchen Sie einen ganz privaten Ort, drinnen oder draußen, an dem Sie unbedingt mindestens eine Stunde lang nicht gestört werden. Traditionell wird das Ritual am Tag und draußen durchgeführt – „unter dem Antlitz der Sonne, dem Auge des Lichts“, wie es in einigen alten druidischen

Ritualen heißt, aber das hängt von Ihren Lebensumständen ab, ob das umzusetzen ist. Wählen Sie eine Zeit und einen Ort, die passen.

Sie benötigen einige Gegenstände für das Ritual. Die vier Kessel der Elemente, die Sie im Ritual des Druidenhains kennengelernt haben, gehören dazu, außerdem zwei Stühle, einen für die Mitte Ihres Arbeitsbereiches, der andere außerhalb des Kreises, den Sie ziehen werden. Ihr Coelbren-Set wird gebraucht, weil auch ein Orakel zur Zeremonie gehört. Und Stift und Papier sollten Sie mitnehmen, um es festzuhalten und sich zukünftig darauf beziehen zu können. Ferner wird ein großer Stein gebraucht – jeder, der größer als ein Kieselstein ist, eignet sich, aber je größer, umso besser – und eine Schüssel klares Wasser, größer als Ihr Kessel des Wassers. (Sie repräsentieren einen Menhir und eine heilige Quelle. Wenn Sie das Ritual durchführen können, wo ein Stein aufrecht neben einer Quelle steht und Sie Ihren Kreis so ziehen können, dass sich beide in seinem Osten befinden, wäre das der beste Fall, aber nur wenige von uns haben so eine Gelegenheit.)

Stellen Sie die vier Kessel in die vier Himmelsrichtungen, einen Stuhl in die Kreismitte, das Coelbren-Set neben den Stuhl, Stein und Wasserschale in den Osten zum Kessel der Luft. Der andere Stuhl soll nahe am Kreis stehen, aber so, dass Sie, wenn Sie darauf sitzen, den Kreis nicht sehen. Findet das Ritual draußen statt, stellen Sie ihn weiter entfernt hin, abwendend. Drinnen stellen Sie ihn einfach ins Nebenzimmer. Es muss Wasser im Kessel des Wassers und der Schale sein. Wenn Sie Räucherwerk und eine Kerze verwenden, halten Sie Streichhölzer oder ein Feuerwerk griffbereit!

Sie können Ihren Arbeitsbereich nach Ihren Wünschen dekorieren, etwa mit Blumen im Frühjahr oder buntem Laub im Herbst. Sind Sie ein religiöser Mensch, können Sie die heiligen Schriften Ihres Glaubens, wichtige Bilder, Statuen oder Symbole Ihrer Religion dazunehmen. Auch das Vorlesen von

ein, zwei kurzen Passagen bedeutsamer Texte lässt sich gut in die Zeremonie integrieren. (Unter den christlichen Druiden ist es typisch, für die Initiation zum Druidentum die ersten fünf Verse des ersten Kapitels aus dem Johannes-Evangelium zu nehmen, aber Sie können ebenso gut einen anderen Text nehmen.) Wenn Sie keinen eigenen Text zum Vorlesen haben, nehmen Sie den, der weiter unten im Ritual aufgeführt ist.

Würden Sie gerne das traditionelle weiße Gewand bei der Initiation tragen, sind Sie herzlich dazu eingeladen. Wenn Sie der alten Tradition des Druid Revival folgen und ein buntes Band um den rechten Arm tragen möchten, wäre Grün die passende Farbe, damit wurde in jenen Tagen der erste Schritt im Druidentum gekennzeichnet.

KAPITEL 13

Das Ritual der Selbst-initiation

WENN SIE ALLES BEISAMMENHABEN: ZEIT, ORT und Requisiten, kann es losgehen. Bereiten Sie den Kreis wie eben beschrieben vor, dann verlassen Sie ihn und gehen zum Stuhl, der außerhalb steht. Setzen Sie sich und denken Sie darüber nach, was gleich passieren wird. Rufen Sie sich alles ins Gedächtnis, was Sie aus diesem oder anderen Büchern über das Druidentum gelesen haben. Vergegenwärtigen Sie sich, dass Sie dabei sind, das Druidentum zu einem Teil Ihres Lebens zu machen und von jetzt an Zeit und Energie dafür bereitstellen müssen, wenn Sie irgendeinen Nutzen daraus ziehen möchten.

Wenn Sie fühlen, dass Sie bereit sind, stehen Sie auf und betreten den Kreis. Entzünden Sie das Räucherwerk im Osten, die Kerze im Süden, wenn Sie beides verwenden. Stellen Sie sich in die Kreismitte vor den Stuhl und wenden sich nach Osten. Halten Sie inne, um einen klaren Geist zu bekommen und wappnen sich, dann beginnen Sie.

ERSTER SCHRITT: Führen Sie das Ritual der Eröffnung eines Druidenhains komplett durch, folgen Sie den Anleitungen im vorhergehenden Teil (siehe Seiten 155–158).

ZWEITER SCHRITT: Ist der Hain eröffnet, setzen Sie sich auf den Stuhl und lesen laut den heiligen Text vor, den Sie ausgesucht haben oder den folgenden Text aus dem Wissen der Druiden. (Sie können auch beides machen.) Lesen Sie den Text langsam und achtsam und denken über die Bedeutung der Worte und des Texts nach, während Sie lesen.

„Am Anfang der Zeit sah Einigan der Riese, das erste aller Lebewesen, drei Lichtstrahlen, die aus dem Himmel herabfielen und die in sich das Wissen über das, was war und jemals sein wird, trugen. Er nahm drei Äste aus dem Holz der Vogelbeere und schnitzte die Zeichen allen Wissens hinein, damit nichts davon verloren gehen würde. Im Lauf der Zeit verstanden diejenigen, die die Äste ansahen, das Zeichen falsch, und beteten sie als Götter an, statt von dem Wissen zu lernen. Als Einigan das sah, betrübte ihn das sehr, so sehr, dass es ihn zerriss, und nach seinem Tod waren die Vogelbeerenäste verloren.

Als ein Jahr und ein Tag nach Einigans Tod vergangen waren, fand Menw, Sohn des Teirwaedd, zufällig Einigans Schädel und sah, dass die Äste der Vogelbeere Wurzeln geschlagen hatten und durch die Mundöffnung des Schädels wuchsen. Er stellte fest, dass er mit viel Mühe einiges lesen konnte, was auf den Ästen stand. Dadurch wurde Menw der erste der Gwyddons, den Lehrmeistern der Kelten aus uralten Zeiten, noch vor den Druiden. Und es geschah durch die Gwyddons, dass das Wissen der drei Lichtstrahlen an die Druiden weitergegeben wurde, die ihnen nachfolgten."

Wenn Sie möchten, können Sie an dieser Stelle des Rituals ein Gebet sprechen und um Führung und Segen für Ihr Werk als Druide bitten. Das sollte gleich im Anschluss an die Lesung erfolgen.

DRITTER SCHRITT: Sitzen Sie eine Weile still da, dann stehen Sie auf und wenden sich nach Osten. „Ich bitte das Element Luft um Anwesenheit, damit es meine Initiation als Druide segnen und bezeugen kann." Drehen Sie sich nach Süden und sagen „Ich bitte das Element Feuer um Anwesenheit, damit es meine Initiation als Druide segnen und bezeugen kann." Nach Westen gerichtet sagen Sie dann „Ich bitte das Element Wasser um Anwesenheit, damit es meine Initiation als Druide segnen und bezeugen kann." Wenden Sie sich nach Norden und sagen „Ich bitte das Element Erde um Anwesenheit, damit es meine Initiation als Druide segnen und bezeugen kann."

VIERTER SCHRITT: Wenden Sie sich nach Osten und gehen zu Stein und Wasser. Knien oder sitzen Sie auf dem Boden und legen die rechte Hand auf den Stein. Sagen Sie laut: „Mit diesem Stein knüpfe und erneuere ich jeden Bund, den es zwischen Himmel und der Natur gibt. Möge der Solarstrom geweckt werden und meine Initiation als Druide segnen." Stellen Sie sich hier vor, wie der Solarstrom aus dem Himmel auf die Erde fließt. Fühlen Sie, wie er Sie durchfließt und Ihr Leben und Ihren Geist anreichert. Spüren Sie diesem Gefühl kurz nach.

FÜNFTER SCHRITT: Stoppen Sie drei Finger Ihrer linken Hand in das Wasser und ziehen sie über Ihre Stirn. Spreizen Sie sie dabei, damit Sie das Zeichen der drei Lichtstrahlen, / | \, auf Ihrer Haut nachzeichnen. Sagen Sie laut: „Mit diesem Wasser knüpfe und erneuere ich jeden Bund zwischen der Erde und der Natur. Möge der Tellurstrom geweckt werden und meine Initiation als Druide segnen." Halten Sie inne und stellen sich vor, wie der tellurische Strom aus der Erde in den Himmel fließt und Sie dabei durchströmt. Stellen Sie sich vor, Sie können fühlen, wie er durch Sie hindurchfließt und Ihr Leben und Ihren Geist anreichert. Spüren Sie diesem Gefühl kurz nach.

SECHSTER SCHRITT: Stehen Sie auf und kehren zum Stuhl in der Mitte zurück. Setzen Sie sich und gehen Sie so, wie Sie es gelernt haben, zu Ihrem Druidenhain im Reich der Fantasie. Wenn Sie ihn betreten haben und alles deutlich erkennen, stellen Sie sich vor, dass drei weise Druiden aus dem Wald auf Sie zukommen. Nehmen Sie sich die Zeit, bis Sie die Druiden klar sehen – sind sie alt oder jung, männlich oder weiblich? Was haben sie an, was tragen sie bei sich? Begrüßen Sie sie, wie Sie drei weise Älteste begrüßen würden, die Ihnen etwas beibringen möchten.

„Willkommen", sagten die Druiden zu Ihnen. Dann fragt einer von ihnen: „Wirst du dem Pfad der Druiden, so gut es dir irgend möglich ist, folgen?" Antworten Sie in Ihren eigenen Worten.

Der zweite Druide fragt Sie: „Wirst du auf deine Art nach Weisheit suchen?" Sie antworten mit Ihren Worten.

Der dritte Druide fragt Sie: „Werden Sie lauschen und auf die Stimme Ihres eigenen Awen hören?" Antworten Sie in Ihren Worten.

„Dann ist es gut", sagt jeder Druide, einer nach dem anderen. Dann nehmen zwei von ihnen Ihre Hände in ihre und der Dritte, der in der Mitte, legt eine Hand auf Ihren Kopf. „Wir empfangen dich und heißen dich als Druide willkommen", sagt der in der Mitte, „und wir segnen dich mit dem Segen des Einen Lebens, damit deine Sinne offen sind, dein Geist klar ist und deine Seele wach.

Die Welt der Natur wartet darauf, dich zu unterrichten. Geh hin und lerne." Danken Sie ihnen, verabschieden sich und warten, bis sie wieder im Wald verschwunden sind, dann kehren Sie von Ihrem Druidenhain aus der Fantasie zurück.

SIEBTER SCHRITT: Jetzt folgt die besondere Coelbren-Legung. Zwar benutzt sie drei Buchstaben wie das Legesystem, das Sie bereits kennen, aber Sie legen sie in einer anderen Reihenfolge ab, mit anderer Bedeutung. Der erste Buchstabe wird in die Mitte gelegt und repräsentiert Sie. Der zweite rechts daneben, er steht für die Dinge, die Ihnen auf Ihrem Druidenpfad helfen werden. Der dritte kommt auf die linke Seite und repräsentiert, was Sie auf Ihrem Pfad noch lernen müssen. Die Abbildung unten zeigt, wie gelegt wird.

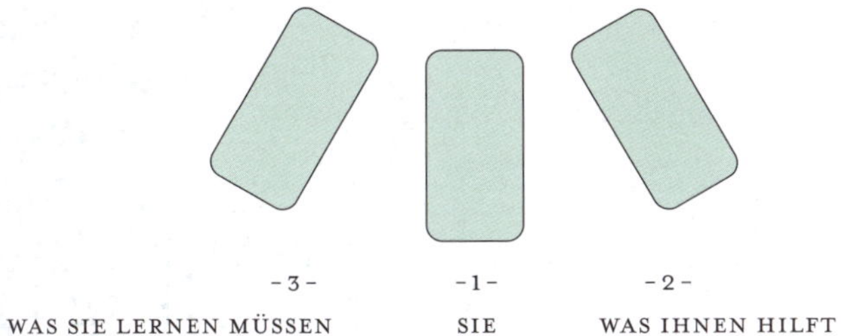

- 3 - WAS SIE LERNEN MÜSSEN | - 1 - SIE | - 2 - WAS IHNEN HILFT

Wenn die Coelbren liegen, notieren Sie die Legung und überlegen, was sie Ihnen über die ersten Abschnitte des Pfades sagt, die vor Ihnen liegen.

ACHTER SCHRITT: Sind Ihre Überlegungen über das Orakel abgeschlossen, stehen Sie auf. Machen Sie sich klar, dass Sie ein Druide sind, einer, der die Weisheit in der Natur sucht, ein Erbe des Vermächtnisses des Druid Revival, das den Druiden der alten Zeiten nachfolgt. Breiten

Sie Ihre Arme weit aus und chanten das Wort Awen dreimal, sprechen Sie es aus, wie Sie es gelernt haben: AH-UH-WEN. Bei AH spüren Sie den Himmel über sich. Bei UH spüren Sie die Erde unter sich. Bei WEN nehmen Sie sich selbst zwischen Himmel und Erde wahr. Wenn Sie fertig sind, senken Sie die Arme.

NEUNTER SCHRITT: Führen Sie das Ritual zum Schließen des Druidenhains durch, genau, wie Sie es gelernt haben. Das beendet das Ritual Ihrer Selbstinitiation.

EPILOG

NACH DER INITIATION

Die Initiation ist der Anfang, nun hat Ihr Dasein als Druide begonnen. Sie haben erste Einblicke in das Wissen der Druid Revival-Tradition erhalten und einige der fundamentalen Praktiken des Druidentums gelernt. Das bedeutet einen ersten Schritt auf Ihrer Suche nach Weisheit in der Natur, die Quelle der Inspiration für moderne Druiden seit nunmehr dreihundert Jahren. Das Ritual der Initiation, das Sie durchlaufen haben, markiert die Vollendung dieses ersten Schritts ... und den Beginn des nächsten.

Es gibt viele gute Bücher über das Druidentum, die Ihnen bei Ihrem nächsten Schritt helfen werden und es gibt Organisationen, die Ihnen zur Seite stehen, wenn Sie etwas über das Druidentum lernen möchten. Sie finden einige in den Quellen hinten im Buch, zusammen mit Methoden des Wahrsagens, die unter Druiden heute populär sind. Eine wertvollere Quelle für Anleitungen ist jedoch die Zeit, in der Sie mit den grundlegenden Praktiken des Druidentums arbeiten, dem Einen Leben zuhören und von der Natur lernen. Das kann keiner für Sie erledigen. Es gibt nur eine Grenze dafür, dass Sie lernen können, wodurch Sie bei Ihrem Abenteuer durch das Druidentum wachsen – das ist Ihre Bereitschaft, sich einzusetzen.

Ihre Reise hat begonnen. Mögen das Eine Leben, die zwei Ströme, die drei Lichtstrahlen und die vier Elemente Sie segnen und leiten auf Ihrem Weg!

GLOSSAR

Alban Arthan Walisischer Name der Wintersonnenwende

Alban Eilir Walisischer Name für die Frühjahrstagundnachtgleiche

Alban Elfed Walisischer Name für die Herbsttagundnachtgleiche

Alban Hefin Walisischer Name für die Sommersonnenwende

Ancient Order of Druids in America (AODA) Druidenorden, 1912 von amerikanischen Druiden gegründet

Awen Geist der Kreativität und Inspiration, der menschliche Ausdruck des Einen Lebens

Beltane (Belteinne) Anderer Name für Calan Mai

Calan Gwyngalaf Walisischer Name für Lammas oder Lughnasadh, ein keltisches Feuerfest

Calan Mai Walisischer Name für den Maitag oder Beltane, ein keltisches Feuerfest

Calan Myri Walisischer Name für Lichtmess oder Imbolg, ein keltisches Feuerfest

Calan Tachwedd Walisischer Name für Allerheiligen oder Samhain, ein keltisches Feuerfest

Coelbren-Alphabet Symbolisches, druidisches Alphabet, das entweder durch den walisischen Poeten Iolo Morganwg (1747–1826) erfunden oder wiederentdeckt wurde

Das Eine Leben Druidisches Wort für „Lebenskraft", siehe Nwyfree

Derw Walisisch für „Eiche"

Derwydd Walisisch für „Druide"

Drei Lichtstrahlen Das Emblem des Druidentums und das Symbol des Druid Revival

Einigan der Riese In der walisischen Legende das erste Wesen, das erschaffen wurde

Gorseddau Walisisch für Versammlungen oder Treffen von Barden

Gwydd Walisisch für „Weisheit" oder „Wissen" (-wydd in Kombination mit anderen Wörtern)

Gwyddons Die Weisen, vor langer Zeit Lehrmeister der Kelten

Helio-Arkite Theoretisch die älteste Religion, Historiker vermuteten im 19. Jahrhundert, Überlebende aus der Arche hätten sie gegründet

Imbolg Anderer Name für Lichtmess

Kessel der Luft Schale, die mit Räucherwerk (oder Potpourri) in druidischen Ritualen verwendet wird, symbolisiert das Element Luft

Kessel der Erde Schale, die mit Erde oder Steinen gefüllt ist, symbolisiert in druidischen Ritualen das Element Erde

Kessel des Feuers Schale mit einer Votivkerze (oder einem Kristall) darin, für druidische Rituale, symbolisiert das Element Feuer

Kessel des Wassers Schale, mit Wasser gefüllt, für druidische Rituale, symbolisiert das Wasser

Lammas Ernstfest im August, siehe Calan Gwyngalaf, Lughnasadh

Lughnasadh Anderer Name für Lammas

Mabinogion Mittelalterliche, walisische Sammlung früher mythologischer Erzählungen

Mistelzweig Heilige und Heilpflanze der druidischen Tradition

Nwyfre Walisisches Druidenwort für die Lebenskraft des Einen Lebens

Ogham Irisches Symbolalphabet des frühen Mittelalters

Orden der Barden, Ovaten und Druiden (OBOD) Druidischer Orden, gegründet 1964 von Ross Nichols, einem englischen Dichter und Lehrer

Ritual des Duidenhains Methode zur Errichtung eines heiligen Ortes für einen bestimmten Zweck, um ihn, wenn dieser erfüllt ist, wieder in seinen Normalzustand zu versetzen

Ritual der drei Strahlen Ein Ritual zum Segnen und zum Schutz

Samhuinn (Samhain) Anderer Name für Allerheiligen

Solarstrom Der Fluss des Einen Lebens, von der Sonne ausgehend

Tellurstrom Der Fluss des Einen Lebens, von der Erde ausgehend – oder Tellus (Lateinisch für „Erde")

QUELLEN

ORGANISATIONEN

Heute existieren viele druidische Organisationen weltweit. Die aktivsten und aufnahmewilligsten sind:

The Ancient Order of Druids in America (AODA), http://aoda.org
The Druid Network (TDN), https://druidnetwork.org
The Order of Bards, Ovates, and Druids (OBOD), https://druidry.org

BÜCHER

Zu den wertvollsten Ressourcen, die Ihnen auf Ihrem Pfad helfen, gehören Bücher über Pflanzen, Vögel und was sonst noch in der Natur vorkommt, abgestimmt auf die Region, in der Sie leben – ein Buch über die Natur des südlichen Neu-Englands würde Ihnen in Georgia, British Columbia oder Australien wenig nützen! Wenn Sie wissen möchten, welche Bücher es sich zu kaufen lohnt, fragen Sie Ihre lokalen Umweltvereine und schauen Sie sich die Empfehlungen auf lokalen Websites an. Bücher, die für Druiden nützlich sind:

Billington, Penny, *The Path of Druidry* (Woodbury, MN: Llewellyn, 2011).
Für Anfänger ein solider Führer über die moderne Tradition der Druiden, geschrieben von einem sehr erfahrenen Druiden, sehr empfehlenswert.

Brown Jr., Tom, *Tom Brown's Field Guide to Nature Observation and Tracking* (New York: Berkeley, 1983).

———, *Tom Brown's Field Guide to the Forgotten Wilderness* (New York: Berkeley, 1987).

Der ausgezeichnete Fährtenleser und Naturbursche Tom Brown Jr. hat viele Bücher über das Überleben in der Wildnis und das Leben mit der Natur geschrieben. Diese beiden sind für aufstrebende Druiden äußerst nützlich. Als „vergessene Wildnis" im Titel des zweiten Buchs wird die bezeichnet, in der die meisten von uns leben – die städtischen und vorstädtischen Umgebungen, die wir mit vielen anderen Lebewesen teilen.

Carr-Gomm, Philip, *Druid Mysteries: Ancient Wisdom for the 21st Century* (London: Rider, 2002).

———, *The Druid Way* (Shaftesbury, UK: Element, 1993).

———, *What Do Druids Believe?* (London: Granta, 2006).

Drei gute Einführungen in das Druidentum von einer der herausragenden Personen der gegenwärtigen Druiden-Bewegung, dem ehemaligen Oberhaupt des Ordens der Barden, Ovaten und Druiden.

Carr-Gomm, Philip, ed., *The Druid Renaissance* (London: Thorsons, 1996).

———, *In the Grove of the Druids* (London: Watkins, 2002).

Zwei kostbare Anthologien moderner druidischer Schriften. Das erste ist eine allgemeine Anthologie mit Essays moderner Druiden, das zweite ist eine Sammlung von Essays, verfasst von Carr-Gomms Lehrer Ross Nichols. Beide haben einem Studenten der Druidenwissenschaft eine Menge zu bieten.

Gantz, Jeffrey, trans., *The Mabinogion* (London: Penguin, 1976).

Diese klassische Sammlung alter walisischer Legenden wurde schon oft ins Englische übersetzt. Diese Version gefällt mir am besten.

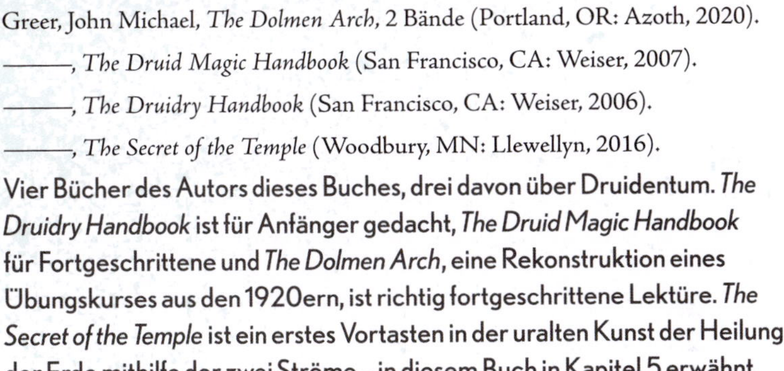

Greer, John Michael, *The Dolmen Arch*, 2 Bände (Portland, OR: Azoth, 2020).

———, *The Druid Magic Handbook* (San Francisco, CA: Weiser, 2007).

———, *The Druidry Handbook* (San Francisco, CA: Weiser, 2006).

———, *The Secret of the Temple* (Woodbury, MN: Llewellyn, 2016).

Vier Bücher des Autors dieses Buches, drei davon über Druidentum. *The Druidry Handbook* ist für Anfänger gedacht, *The Druid Magic Handbook* für Fortgeschrittene und *The Dolmen Arch*, eine Rekonstruktion eines Übungskurses aus den 1920ern, ist richtig fortgeschrittene Lektüre. *The Secret of the Temple* ist ein erstes Vortasten in der uralten Kunst der Heilung der Erde mithilfe der zwei Ströme – in diesem Buch in Kapitel 5 erwähnt.

Greer, John Michael, ed., *Das Wiederaufleben: Druid Revival Reader* (Everett, WA: Starseed, 2011).

Soweit mir bekannt ist, ist dies zurzeit die einzige gedruckte Anthologie mit Texten des Druid Revival, sie behandelt die Tradition von William Stukeley in den 1740ern bis zu Ross Nichols in den 1940ern.

Gregory, Lady Augusta, *Gods and Fighting Men* (Gerrards Cross, UK: Colin Smythe, 1993).

———, *Cuchulain of Muirthemne* (Gerrards Cross, UK: Colin Smythe, 1993).

Es gibt viele gute Versionen der alten irischen Mythen und Legenden, aber diese beiden Bände gehören zu den besten. Lady Gregory war eine berühmte Sammlerin irischer Volkssagen und selbst eine ausgezeichnete Autorin.

Hall, Manly Palmer, *Self-Unfoldment by Disciplines of Realization* (Los Angeles: Philosophical Research Society, 1942).

Hall war einer der einflussreichsten spirituellen Lehrer des zwanzigsten Jahrhunderts. Dies ist seine wertvolle Anleitung zur Meditation und spiritueller Entwicklung, sehr gut geeignet für druidische Ausübung.

Horowitz, Alexandra, *On Looking: A Walker's Guide to the Art of Observation* (New York: Scribners, 2014).

Die Kunst, aufmerksam demgegenüber zu sein, was uns umgibt, ist ein wichtiger Teil des Pfades des Druiden, dieses Buch eine gute Einführung.

Nichols, Ross, *The Book of Druidry* (London: Thorsons, 1990).

Ross Nichols als einflussreichster Autor und Denker der Druiden-Bewegung im zwanzigsten Jahrhundert schrieb einige Bücher. Dieser fesselnde Führer in die Tradition des Druid Revival ist das einzige momentan verfügbare.

Plotnik, Arthur, *The Urban Tree Book* (New York: Three Rivers Press, 2000).

Das Handbuch der am häufigsten vorkommenden Bäume im städtischen und vorstädtischen Bereich ist wertvoll für Druiden, die mehr über ihr Ökosystem erfahren möchten.

Rees, Alwyn, and Brinley Rees, *Celtic Heritage: Ancient Tradition in Ireland and Wales* (London: Thames and Hudson, 1961).

Die klassische Darstellung keltischer Sagen und Legenden in ihrem historischen Kontext ist zur Standardlektüre vieler druidischer Organisationen geworden.

Spence, Lewis, *The History and Origins of Druidism* (London: Rider & Co., 1949).

———, *The Magic Arts in Celtic Britain* (Minneola, NY: Dover, 1999).

———, *The Minor Traditions of British Mythology* (NY: Arno Press, 1979).

———, *The Mysteries of Britain* (North Hollywood, CA: Newcastle, 1993).

Spence ist ein bekannter Anthropologe und talentierter Dichter, außerdem eine wichtige Figur in der Druiden-Bewegung des frühen zwanzigsten Jahrhunderts. Seine Bücher wurden von vielen Druidenorganisationen des

vergangenen Jahrhunderts empfohlen. Sie sind noch immer lesenswert, auch wenn das eine oder andere etwas überholt ist.

Tolstoy, Nikolay, *The Quest for Merlin* (Boston, MA: Little, Brown, 1985).
Hinter den Legenden über den Zauberer Merlin, den Berater von König Artus, steht eine historische Figur, vermutlich einer der letzten alten Druiden. Das lebendige Buch trägt alles zusammen, was über ihn bekannt ist.

Wheelwright, Nathaniel T., and Bernd Heinrich, *The Naturalist's Notebook* (North Adams, MA: Storey, 2017).
Eine Anleitung zur Naturbeobachtung mit einem Fünfjahrestagebuch für Ihre Notizen darüber – sehr nützlich für Druiden.

Williams, Ernest H., Jr., *The Nature Handbook* (New York: Oxford University Press, 2005).
Ein gutes allgemeines Handbuch über Naturbeobachtung.

Williams ab Ithell, J., ed., *The Barddas of Iolo Morganwg* (York Beach, ME: Weiser, 2004).
Eine umfangreiche Sammlung von Dokumenten, gefunden oder erfunden von Iolo Morganwg, die Jahrzehnte nach seinem Tod schließlich von seinem Schüler John William ab Ithel herausgegeben wurden und zur Hauptquelle für Gruppen des Druid Revival geworden sind, seit sie 1962 erstmalig verlegt wurden.

Wood, Ernest, *Concentration: An Approach to Meditation* (Wheaton, IL: Quest, 1949).
Ein klassisches Handbuch über westliche Meditation mit hilfreichen Übungen.

METHODEN DES WAHRSAGENS

Neben dem Coelbren-Alphabet werden heute von Druiden noch viele weitere Methoden des Wahrsagens angewandt. Hier sind einige der zurzeit meistverbreiteten:

Carr-Gomm, Philip and Stephanie, *The Druid Animal Oracle* (London: Connections, 1994).

———, *The Druidcraft Tarot* (London: Connections, 2005).

———, *The Druid Plant Oracle* (New York; St. Martin's Press, 2007).

Diese drei gehören zu den beliebtesten Orakelkarten der Druiden. *The Druid Animal Oracle* und *The Druid Plant Oracle* verwendet keltische Sagen und Traditionen als Symbole, *The Druidcraft Tarot* basiert auf den beliebten Rider-Waite-Tarotkarten, aber mit einem keltischen Thema. Die Karten wurden wunderschön von dem Druiden-Künstler Will Worthington illustriert.

Greer, John Michael, *The Coelbren Alphabet* (Woodbury, MN: Llewellyn, 2017).

Das eine Buch in Englisch über das Coelbren-Orakel, detaillierter als der kurze Überblick in diesem Buch, bietet eine Vielzahl von Legesystemen.

McCracken, Chloe, *The Celtic Lenormand Oracle* (New York: US Games, 2015).

Ansprechende, keltisch basierte Version des beliebten Lenormand-Decks, ebenfalls von Will Worthington illustriert.

Mueller, Mickie, *The Voice of the Trees* (Woodfield, MN: Llewellyn, 2011).

Ein beliebtes Ogham-Kartendeck mit schönen Illustrationen.

Murray, Liz and Colin, *The Celtic Tree Oracle* (New York: St. Martin's Press, 1988).

Die am häufigsten verwendete Version eines Ogham-Orakels, mit stilisierten keltischen Darstellungen von Vanessa Card.

O'Driscoll, Dana, *The Plant Spirit Oracle Deck* (Philadelphia, PA: Druid's Garden, 2020).

———, *Tarot of Trees* (Philadelphia, PA: Druid's Garden, 2009).

Zwei lebendige botanische Decks des augenblicklichen Oberhauptes des Ancient Order of Druids in America.

BILDNACHWEISE

Alamy: Science History Images: 143

ClipArt ETC: 45, 80, 186

Getty Images: *DigitalVision Vectors:* aleksandarvelasevic: 67; bauhaus1000: 18, 177, endpapers; benoitb: 6, 164, 202; duncan1890: vi, 21, 40, 112, 170, 180; GeorgePeters: 37, 49 (Wald), 154, 167, 174; ilbusca: 27, 35; Nastasic: 183; *E+:* nicoolay: 190; *iStock/Getty Images Plus:* andipantz: 88; Campwillowlake: 16; cjp: 57; kate_sun: 51; Kreatiw: 148; Man_Half-tube: 109, 116; Paul Art: 93; Pinonova: 98; powerofforever: 83; stournsaeh: 32, 212; thedakfish: 106; ULADZIMIR ZGURSKI: 142; Vladayoung: 149

Internet Archive: 114

Shutterstock.com: agsandrew: 96; artdock: Umschlag, i, 4, 38, 78, 172 (Baum und Wurzel); Yulia Buchatskaya: 3, 194; Dear Fashion Design: Rücken (Grüner Mann); elfinadesign: Umschlag, i, iii (Kreuzknoten); Ezepov Dmitry: 49 (Sternenexplosion); Gallinago_media: Umschlag, i (Rabe); Morphart Creation: 9, 59; Bergkäfer: 73, 74, 76, 77; OK-SANA: Umschlag, Rücken, i, 4, 38, 78, 172 (Eichenblätter, Eichhörnchen), throughout (Eichenblätterrand); patrimonio designs ltd: throughout (Grüner Mann); Sergey Pekar: 85; Vera Petruk: 34; renikca: 117; Maryna Serohina: 17; TabitaZn: Umschlag, i (Spirale); TheMumins: Umschlag, i (Spinne); Mariya Volochek: throughout (Keltische Ränder); yulianas: Umschlag, i (Trippelspirale)

Wellcome Collection: 13, 24, 26, 91

Mit freundlicher Genehmigung von Wikimedia Commons: Umschlag, Rücken, i, 64 (Awen); throughout (Stab mit Pentagram); 43, 91, 146; Internet Archive: 169; National Library of Wales: 29, 103

Mit freundlicher Genehmigung der Yale University: 70

STICHWORTVERZEICHNIS

Anmerkung: **Fettgedruckte** Seitenzahlen verweisen auf einen Eintrag im Glossar

C

D

E

F

G

H

I

J

T

U

V

W

NOTIZEN

NOTIZEN

NOTIZEN

NOTIZEN

NOTIZEN

ÜBER DEN AUTOR

JOHN MICHAEL GREER ist einer der am meisten respektierten Schriftsteller und Lehrer auf dem Gebiet des Okkultismus der Gegenwart und preisgekrönter Autor von mehr als fünfzig Büchern, einschließlich des *The Conspiracy Book* und *Das Okkulte, The Druidry Handbook* und *The New Encyclopedia of Natural Magic*. Er erhielt die Initiationen zum Freimaurertum, dem Hermetischen Orden des Golden Dawn und dem Orden der Barden, Ovaten und Druiden. Greer war zwölf Jahre lang der Große Erzdruide des Ancient Order of Druids in America (AODA). Mit seiner Frau Sara lebt er in Rhode Island. Er hat elf Fantasy- und Science-Fiction-Romane geschrieben sowie zehn Sachbücher über das globale Ölfördermaximum und die Zukunft der industriellen Gesellschaft. Er unterhält einen wöchentlichen Blog über Politik, Magie und die Zukunft unter www.ecosophia.net.